性奴隶梦魇

南京利济巷慰安所旧址陈列图集

朱成山　主编

南京出版传媒集团
南京出版社

编委会

主　编： 朱成山

副主编： 王伟民　陈俊峰　侯曙光

编写组： 艾德林　袁志秀　曹　林　张国松
卢彦名　王晓阳　王　立　刘广建

前 言

“慰安妇”是指被迫为日本军人提供性服务、充当性奴隶的妇女。战时，日军以欺骗、掳掠、强迫等手段，为远离本土、数量庞大的日本军队配备了从中国、朝鲜半岛、东南亚及太平洋诸岛与日本本土等地强征的大量年轻女子充当性奴隶，建立了完备的军队“慰安妇”制度。中国是日军“慰安妇”制度最大的受害国，日军在中国设立的慰安所最多、时间最长、规模最大，先后有 20 多万女性被强制沦为日军的性奴隶，相当数量的女性在日军残暴的性虐待中死亡。

日军“慰安妇”制度这一人类历史上空前残暴制度的出笼与实施，是日本军国主义发展的必然结果，是践踏妇女人权、违反国际人道法规、违反战争常规并制度化了的国家犯罪行为，是法西斯对女性的集体奴役，突出体现了日本军国主义的野蛮、残忍和暴虐，也是战争带给人类的最惨痛、最刻骨铭心的记忆。

为了铭记这段血泪历史记忆，2014 年 11 月，南京市启动对利济巷慰安所旧址修缮保护和陈列布展工作。2015 年 12 月，南京利济巷慰安所旧址陈列馆正式建成对外开放。整个陈列分为基本陈列、旧址陈列和四个专题陈列，介绍了日军“慰安妇”制度的起源与确立，中国、朝鲜半岛、东南亚及太平洋诸岛等地的慰安所，以及遗留的日军“慰安妇”问题与相关历史记忆。

目 录

第一部分

日军“慰安妇”制度的起源与确立

上海是日本海军在中国建立慰安所的发源地，1932 年 1 月，日本海军在虹口选择了“大一沙龙”等 4 家风俗店作为指定慰安所，这是目前史料中所见最早的慰安所记录。南京大屠杀则成为日军全面推行“慰安妇”制度的起因，为防止性病在日军士兵中蔓延和减轻国际舆论压力等，日军高层开始加紧“慰安妇”制度的部署和实施，逐步确立了完备的“慰安妇”制度。

一、日军“慰安妇”制度的起源

明治维新以后，随着资本主义的迅速发展，日本逐渐走上军国主义的扩张道路。1918–1920 年，在日本出兵西伯利亚过程中，蔓延的性病严重影响了日军的战斗力。此后，日本开始考虑征募妇女慰军。1932 年 1 月，日本海军在上海虹口指定了包括“大一沙龙”在内的 4 家风俗店作为海军慰安所。1932 年“一·二八”事变爆发，日本陆军从关西征募妇女组成陆军“慰安妇”团，并在吴淞、宝山、庙行和真如等战斗前线建起慰安所，这是日本陆军第一次有组织地对日军实行“慰安”。

（一）上海日本驻军与海军慰安所

在上海虹口的日本海军陆战队司令部

——苏智良：《慰安妇研究》

“大一沙龙”慰安所鸟瞰图

——苏智良 供图

“大一沙龙”慰安所见证者林玲娣

横浜桥畔的美楣里，整个日占期间，曾先后有 15 个慰安所在此处出现

——苏智良 供图

“海乃家”曾是上海最大的海军慰安所，由日侨坂下熊藏经营，设有总馆和分馆。馆内共有来自日本、朝鲜和中国的“慰安妇”40 人

——（日）《从军慰安所“海乃家”的故事》

（二）冈村宁次与日本陆军“慰安妇”团

1932年1月28日，日军进攻上海，“一·二八”事变爆发。至3月，在沪日军已达3万多人。为防止因大规模的强奸事件导致的军纪败坏和性病泛滥，上海派遣军副参谋长冈村宁次决定仿照在沪日本海军的做法，从日本关西征调日本妇女，组成第一个陆军“慰安妇”团，在吴淞、宝山、庙行和真如等战斗前线为日军官兵提供性服务。

“一·二八”事变中，上海闸北宝山区被日军炸成一片废墟

——《中国抗日战争图志》

日本上海派遣军高级参谋冈部直三郎在1932年3月14日的日记中记载：“近来，士兵四处搜寻妇女的不利情报甚多。此为军队在平时状态下实难避免之事，莫不如积极设立设施，予以认可。多方考虑各种解决士兵性问题之策略，决定着手实施。主要由永见（俊德）中佐承办。”

1932年3月6日，冈村宁次到达上海，7月15日调任关东军副参谋长。1949年2月，冈村宁次在接受记者采访时曾承认：“我是无耻至极的‘慰安妇’制度的始作俑者。”

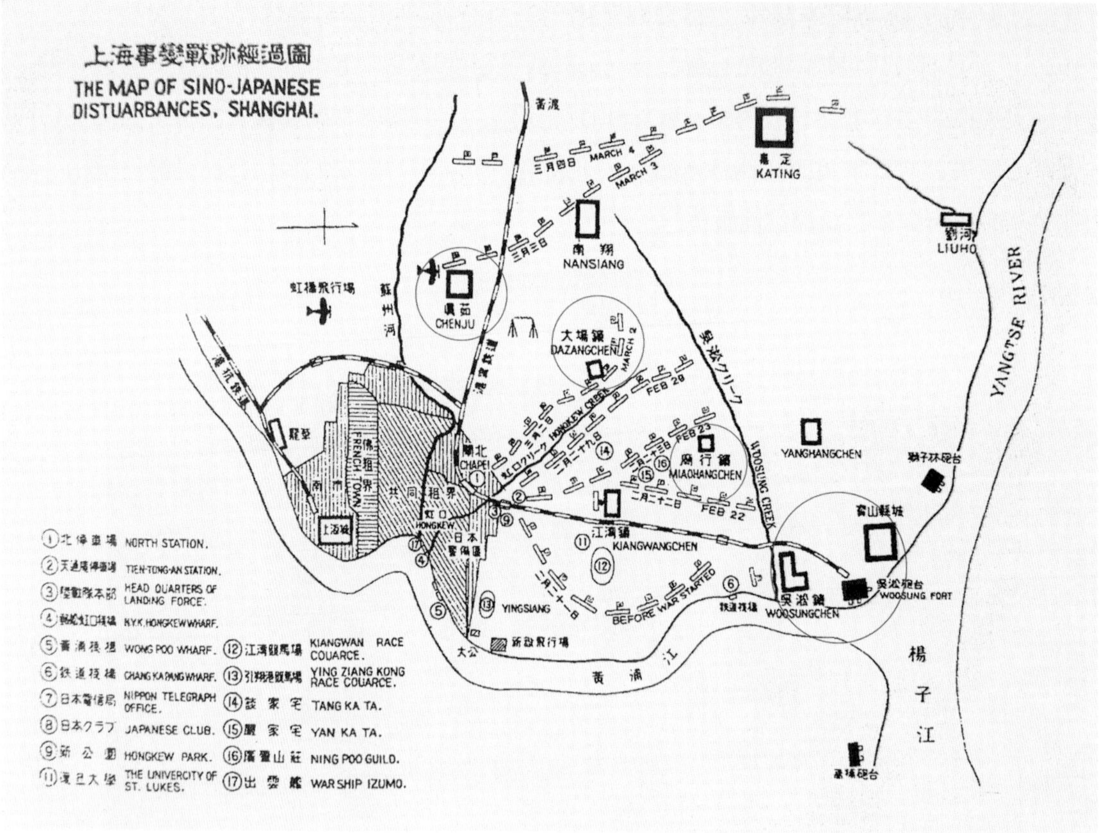

吴淞、宝山、庙行和真如一线曾是“一·二八”事变的主战场之一，最初的“慰安妇”团就在这里为日本陆军部队提供性服务

——廖大伟、陈金龙：《侵华日军的自白》

（三）关东军中的慰安所

日军在上海推行军队性服务的同时，在东北也启动了这一性服务。九一八事变后，关东军等在长春、大连等地，开始有组织地对日军实行“慰安”。但它与30年代初设在上海的日本海军慰安所一样，使用的女性基本上属于娼妓，日军对其管理还未形成完善的制度。

1931年9月18日，日本关东军自行炸毁南满铁路柳条湖路段，制造了九一八事变

——《中国抗日战争图志》

九一八事变后，日军骑兵侵入沈阳

——《中国抗日战争图志》

二、南京大屠杀与日军“慰安妇”制度的确立

1937年12月13日，日军侵占南京，制造了二战史上特大惨案——南京大屠杀。在日军占领南京的最初一个月内，市内发生了两万多起强奸、轮奸的暴行。在国际谴责和日益严重的性病面前，日军高层开始加紧“慰安妇”制度的部署和实施。上海、南京等地的慰安所建设被迅速提上日程。南京大屠杀成为日军全面推行“慰安妇”制度的起因。在日军企图征服中国的过程中，建立起大量的日军慰安所，并对慰安所进行了严密的管理与控制，逐步确立其完备的“慰安妇”制度。

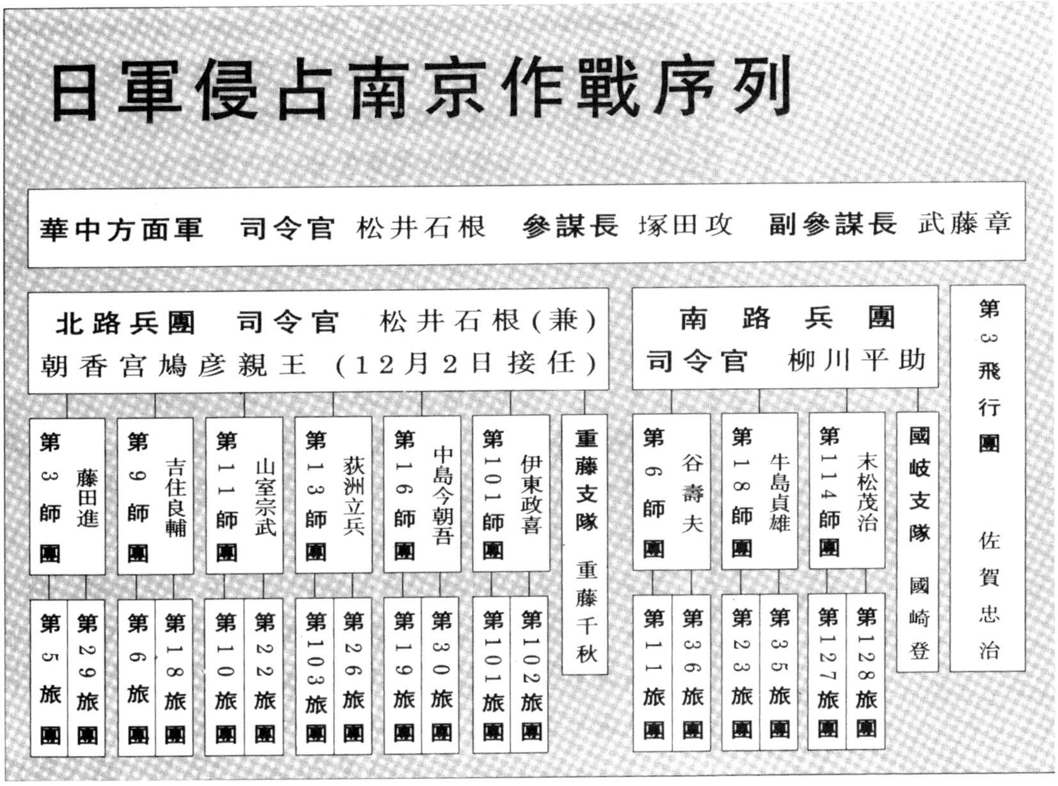

日军侵占南京作战序列图

1937年12月13日，侵华日军侵占南京中华门，日军坦克蜂拥入城

——新华通讯社藏片

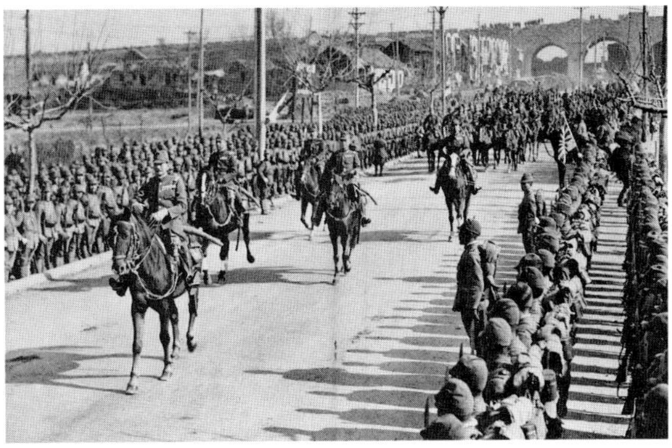
1937年12月17日，日军举行占领南京入城式

——（日）《朝日画报支那战线写真》

南京汉中门附近地区残破景象
——(德)克里斯蒂安·克勒格尔拍摄、约翰·拉贝注文

金陵大学中国文化学院内遭日军抢劫后，满地洒落图书
——章开沅：《天理难容：美国传教士眼中的南京大屠杀（1937–1938）》

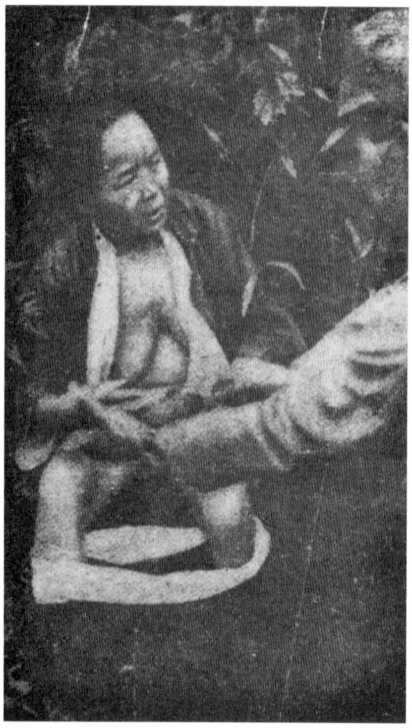

一老妇人遭遇日军士兵侮辱欲哭无泪
——《抗战建国大画史》

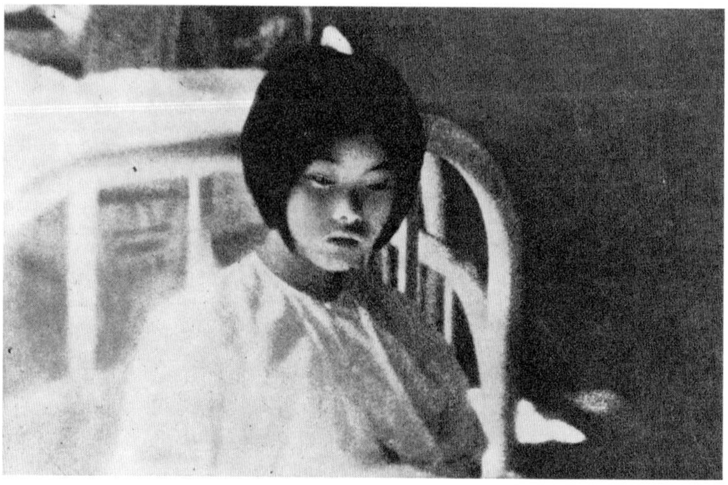

十六岁的南京少女遭日军轮奸致病
——《日寇暴行实录》

南京大屠杀期间日军性暴力受害者张英秀

南京大屠杀期间日军性暴力受害者杨明贞

南京大屠杀期间日军性暴力受害者张秀红

南京大屠杀期间日军性暴力受害者黄惠珍

在日军占领南京的最初一个月内，市内就发生了两万多起的强奸、轮奸暴行，当时留在南京的外籍人士曾愤怒谴责日军是“兽类军团”。

南京安全区国际委员会主席、德国西门子公司南京代表约翰·拉贝先生：

有一个美国人这样说“安全区变成了日本人的妓院（慰安所）”。这话几乎可以说是符合事实的。昨天夜里约有1000名姑娘和妇女遭强奸。如果兄弟或丈夫们出来干预，就被日本人枪杀。耳闻目睹的尽是日本兵痞的残酷暴行和兽行。

——1937年12月17日日记

金陵女子文理学院难民收容所所长、美籍人士魏特琳女士：

又有许多疲惫不堪、神情惊恐的妇女来了，说她们度过了一个恐怖之夜。日本兵不断地光顾她们的家（从 12 岁的少女到 60 岁的老妪都被强奸。丈夫们被迫离开卧室，怀孕的妻子被刺刀剖腹。要是有良知的日本人知道这些恐怖的事实就好了。）……

——1937 年 12 月 17 日日记

南京安全区国际委员会成员、美籍人士瑟尔·贝德士先生：

我们（金陵大学）的新图书馆大楼收容了 1500 名平民。其中有 4 个妇女在楼内被强奸，2 人被抓回去强奸后放回，3 人被抓走未归，1 人也被抓走，但在宾馆附近被宪兵放回……在难民区其他地方也有百余起类似暴行。

——1937 年 12 月 15 日日记

国际红十字会南京委员会主席、美籍人士约翰·马吉先生：

现在最可怕的是强奸妇女。日本人以最无耻的方式干这些勾当，街上到处都是找女人的日本兵。

——1937 年 12 月 19 日致妻子函

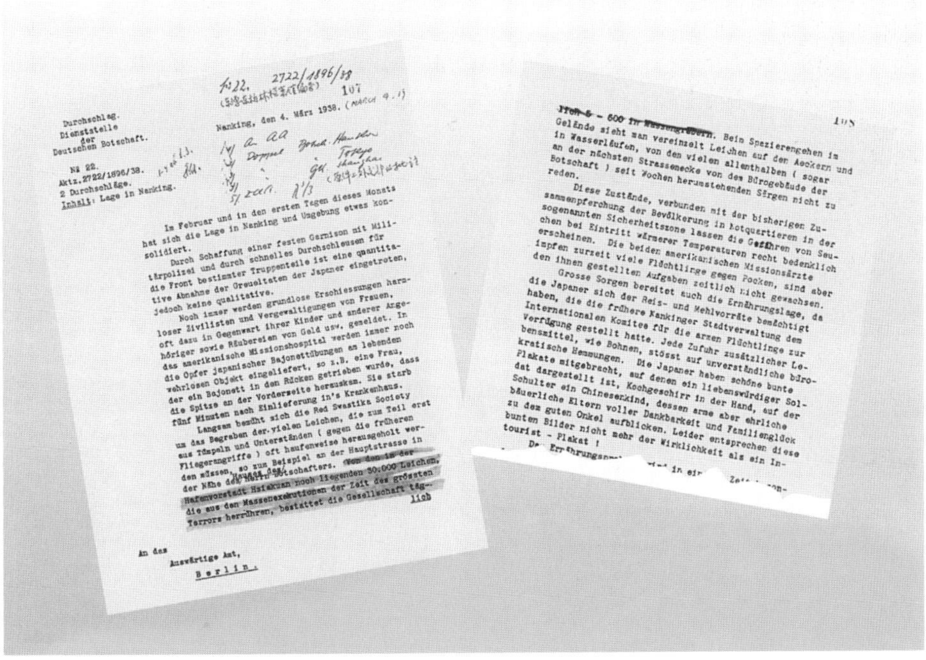

Durchschlag.
Dienststelle
der
Deutschen Botschaft.

№ 22.
Aktz.2722/1896/38.
2 Durchschläge.
Inhalt: Lage in Nanking.

Nanking, den 4. März 1938.

Im Februar und in den ersten Tagen dieses Monats hat sich die Lage in Nanking und Umgebung etwas konsolidiert.

Durch Schaffung einer festen Garnison mit Militärpolizei und durch schnelles Durchschleusen für die Front bestimmter Truppenteile ist eine quantitative Abnahme der Greueltaten der Japaner eingetreten, jedoch keine qualitative.

Noch immer werden grundlose Erschiessungen harmloser Zivilisten und Vergewaltigungen von Frauen, oft dazu in Gegenwart ihrer Kinder und anderer Angehöriger sowie Räubereien von Geld usw. gemeldet. In das amerikanische Missionshospital werden immer noch die Opfer japanischer Bajonettübungen am lebenden wehrlosen Objekt eingeliefert, so z.B. eine Frau, der ein Bajonett in den Rücken getrieben wurde, dass die Spitze an der Vorderseite herauskam. Sie starb fünf Minuten nach Einlieferung in's Krankenhaus.

Langsam bemüht sich die Red Swastika Society um das Begraben der vielen Leichen, die zum Teil erst aus Tümpeln und Unterständen (gegen die früheren Fliegerangriffe) oft haufenweise herausgeholt werden müssen, so zum Beispiel an der Hauptstrasse in der Nähe des Hauses des Herrn Botschafters. Von den im der Hafenvorstadt Hsiakuan noch liegenden 30.000 Leichen, die aus den Massenexekutionen der Zeit des grössten Terrors herrühren, bestattet die Gesellschaft täglich

An das
Auswärtige Amt,
Berlin.

108

... Gelände sieht man vereinzelt Leichen auf den Aeckern und in Wasserläufen, von den vielen allenthalben (sogar an der nächsten Strassenecke von dem Bürogebäude der Botschaft) seit Wochen herumstehenden Särgen nicht zu reden.

Diese Zustände, verbunden mit der bisherigen Zusammenpferchung der Bevölkerung in Notquartieren in der sogenannten Sicherheitszone lassen die Gefahren von Seuchen bei Eintritt wärmerer Temperaturen recht bedenklich erscheinen. Die beiden amerikanischen Missionsärzte impfen zurzeit viele Flüchtlinge gegen Pocken, sind aber den ihnen gestellten Aufgaben zeitlich nicht gewachsen.

Grosse Sorgen bereitet auch die Ernährungslage, da die Japaner sich der Reis- und Mehlvorräte bemächtigt haben, die die frühere Nankinger Stadtverwaltung dem Internationalen Komitee für die armen Flüchtlinge zur Verfügung gestellt hatte. Jede Zufuhr zusätzlicher Lebensmittel, wie Bohnen, stösst auf unverständliche bürokratische Hemmungen. Die Japaner haben schöne bunte Plakate mitgebracht, auf denen ein liebenswürdiger Soldat dargestellt ist, Kochgeschirr in der Hand, auf der Schulter ein Chinesenkind, dessen arme aber ehrliche bäuerliche Eltern voller Dankbarkeit und Familienglück zu dem guten Onkel aufblicken. Leider entsprechen diese bunten Bilder nicht mehr der Wirklichkeit als ein Intourist - Plakat !

De Ernährungs... in ei... Zei... con-

德国驻南京大使馆大使罗森的报告（部分），含有日军在南京强奸、轮奸妇女的暴行：“每晚都有日本兵冲进设在金陵大学院内的难民营，她们不是把妇女拖走奸污，就是当着家属的面满足他们的罪恶兽欲。”

——罗森报告

The New York Times.

NEW YORK, SATURDAY, DECEMBER 18, 1937. TWO CENTS

WAGES BILL, ... TO COMMITTEE; ...

60 PICKETS JAILED FOR 30 TO 90 DAYS IN AUTOMAT STRIKE

U. S. NAVAL DISPLAY REP... UNLESS JAPAN GUARANTEE...

U. S. NAVAL DISPLAY REPORTED LIKELY UNLESS JAPAN GUARANTEES OUR RIGHTS; BUTCHERY MARKED CAPTURE OF NANKING

ALL CAPTIVES SLAIN

Civilians Also Killed as the Japanese Spread Terror in Nanking

U. S. EMBASSY IS RAIDED

Capital's Fall Laid to Poor Tactics of Chiang Kai-shek and Leaders' Flight

By F. TILLMAN DURDIN
Special Cable to THE NEW YORK TIMES.

ABOARD THE U. S. S. OAHU at Shanghai, Dec. 17.—Through wholesale atrocities and vandalism at Nanking the Japanese Army has thrown away a rare opportunity to gain the respect and confidence of the Chinese inhabitants and of foreign opinion there.

The collapse of Chinese authority and the break-up of the Chinese ...

Writer Tells of Machine Gunning By Japanese Planes and Launch

Aircraft Attacked Boatload of Wounded Fleeing Sinking Panay—Survivors Trekked Miles to Find Refuge and Aid for Injured

The following dispatch was written by a representative of THE NEW YORK TIMES, who was aboard the gunboat Panay when she was sunk:

By NORMAN SOONG
Wireless to THE NEW YORK TIMES.

ABOARD THE U. S. S. OAHU, at Shanghai, Dec. 17.—At 1:30 P. M. Sunday, Dec. 12, the U. S. S. Panay, a gunboat built at the Kiangnan dockyard at Shanghai and commissioned in 1928 for the Yangtse Patrol, was riding at anchor peacefully, twenty-eight miles up the river from Nanking. After three days of dodging shells, the latest manoeuvre was started at 8:25 that morning from a point twelve miles up the river from Nanking, following the explosion of shells successively closer astern.

The Socony tankers Meiping, Meihsia and Meian, which the Panay escorted up the river, were near by, with seven of the Panay's ...

and, in broken English, asked Lieut. Comdr. J. J. Hughes of New York City for information. Commander Hughes politely refused, by saying that the United States was a friend of both Japan and China and could not give any information. The group aboard was arguing over the meaning of the Japanese officer's motioning with his hand from the ship to the shore, to which Commander Hughes shook his head.

At 1:38 P. M. the radio operator of H. M. S. Bee, flagship of the British Yangtse flotilla, heard a message from the Panay. Then it was interrupted by silence which began a story fantastic beyond imagination.

ROOSEVELT ACTIVE

Consults Admiral Leahy on Condition of Fleet and Meets Cabinet

SITUATION IS 'VERY TENSE'

But Naval Operations Chief Sees No Need for Sending More Warships Now

President Roosevelt consulted Admiral Leahy, Chief of Naval Operations, and the Cabinet yesterday on further moves in the Panay bombing affair. There were indications that a naval demonstration might be made in the Pacific unless Japan guaranteed American rights. [Page 2.]

A representative of THE NEW YORK TIMES, who was aboard the Panay described the ...

1937 年 12 月 18 日《纽约时报》刊登的记者德丁 12 月 17 日发自南京的报道，称：“大规模的抢劫、强奸妇女，屠杀平民，将中国人赶出家园，集体屠杀战俘，强迫壮年男子做苦工等暴行，使南京成为一座恐怖之城。”

——《侵华日军南京大屠杀图集》

原日军上海派遣军参谋长饭沼守少将关于慰安所设立的日记（1937 年 12 月 19 日）：“已拜托长勇中佐（上海派遣军参谋部第二科）迅速拟就建立女郎屋（指慰安所）的计划。”

原日军上海派遣军副参谋长上村利道大佐关于开设南京慰安所的日记（1937 年 12 月 28 日）：“军队的非法违纪事件越来越多，参谋部第二科召集各队将校会议，参谋长强调军纪，并审议通过了第二科提出的关于设立南京慰安所提案。”

1938 年正月，日军在南京开设慰安所。图为日军官兵拥挤在慰安所门前

——（日）《上海派遣军司令部纪念写真帖》

身着军装的原日本老兵东史郎

东史郎战时日记

——侵华日军南京大屠杀遇难同胞纪念馆藏片

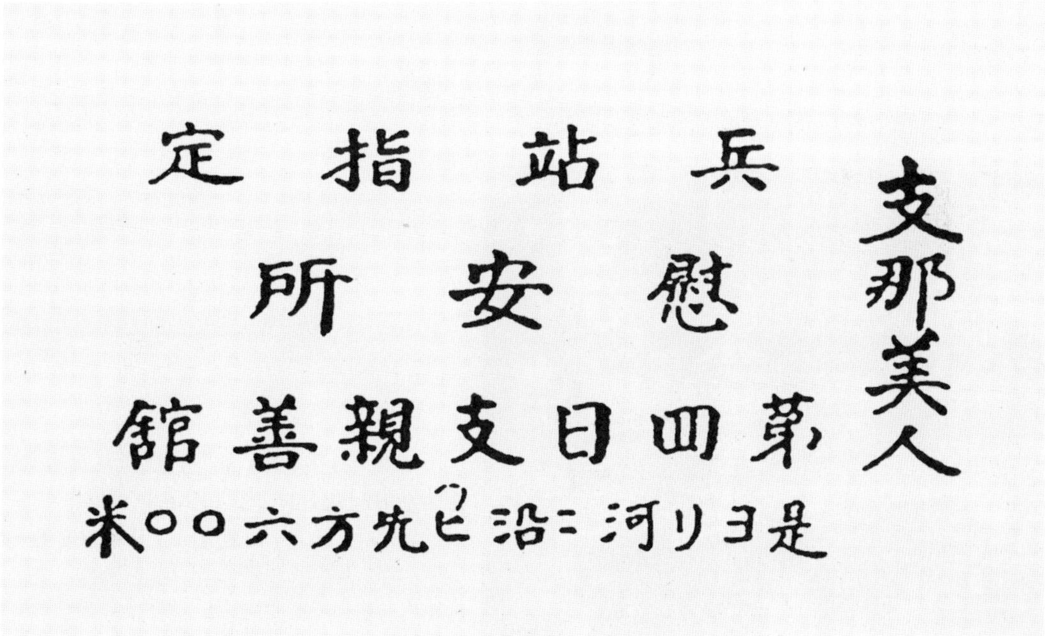

关于“慰安妇”的新闻发布稿：南京第四日支亲善馆的广告

——《贝德士文献》

三、日军慰安所建立的原因

日军“慰安妇”制度这一人类历史上空前残暴制度的出笼与实施，不仅是近代天皇专制的军国主义武士道精神的产物，也是日本社会男尊女卑的畸形道德观的产物，更是日本军国主义发展的必然结果。慰安所是日本军队为了有效地推行侵略战争的需要而设立，因此具有浓厚的军事性质，其设立的原因有多种，包括防止强奸事件的发生，防止性病在日军士兵中蔓延，稳定军队，提高战斗力，减少国际舆论压力等。

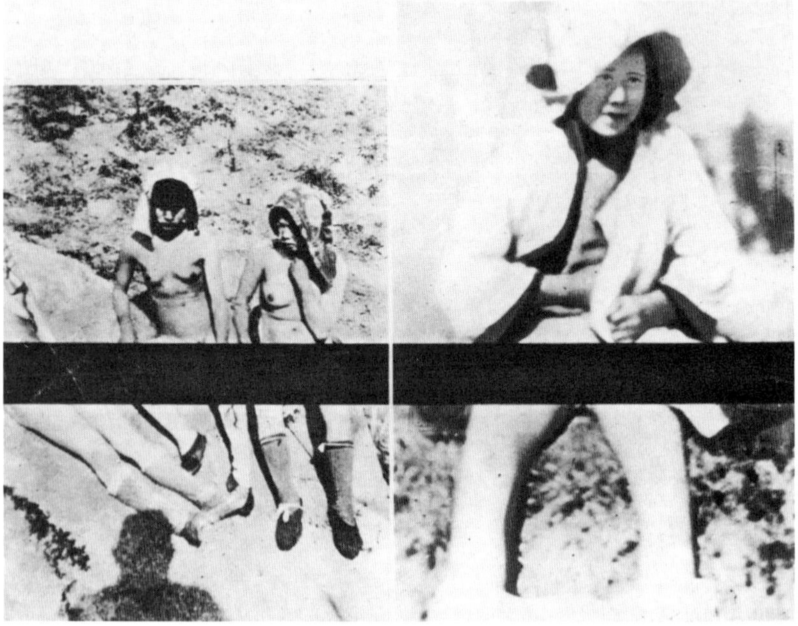

中国妇女遭日军强奸后的惨状

——《日寇暴行实录》

1938 年 1 月，104 名“慰安妇”从日本来到上海，图为在海运丸上的庆子（图下中）

——（日）千田夏光：《从军慰安妇 · 庆子》

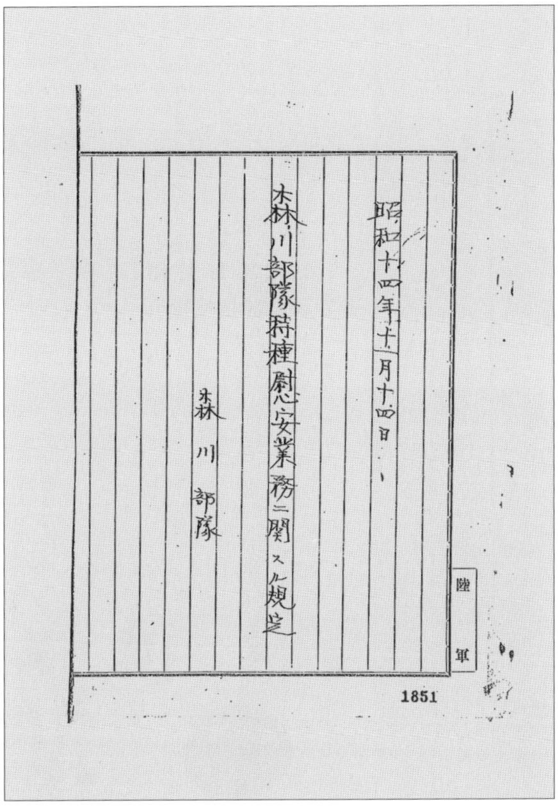
昭和十四年十一月十四日

森川部隊特種慰安業務ニ関スル規定

森川部隊

陸軍

1851

日军独立炮兵第三联队森川部队阵中日志（1939 年 11 月 1 日 –11 月 30 日） 记载：设立慰安所的目的在于缓和士兵的杀戮之气，重整军纪，并规定了慰安所的设立地点、经费、监督者等

——日本防卫省防卫研究所藏

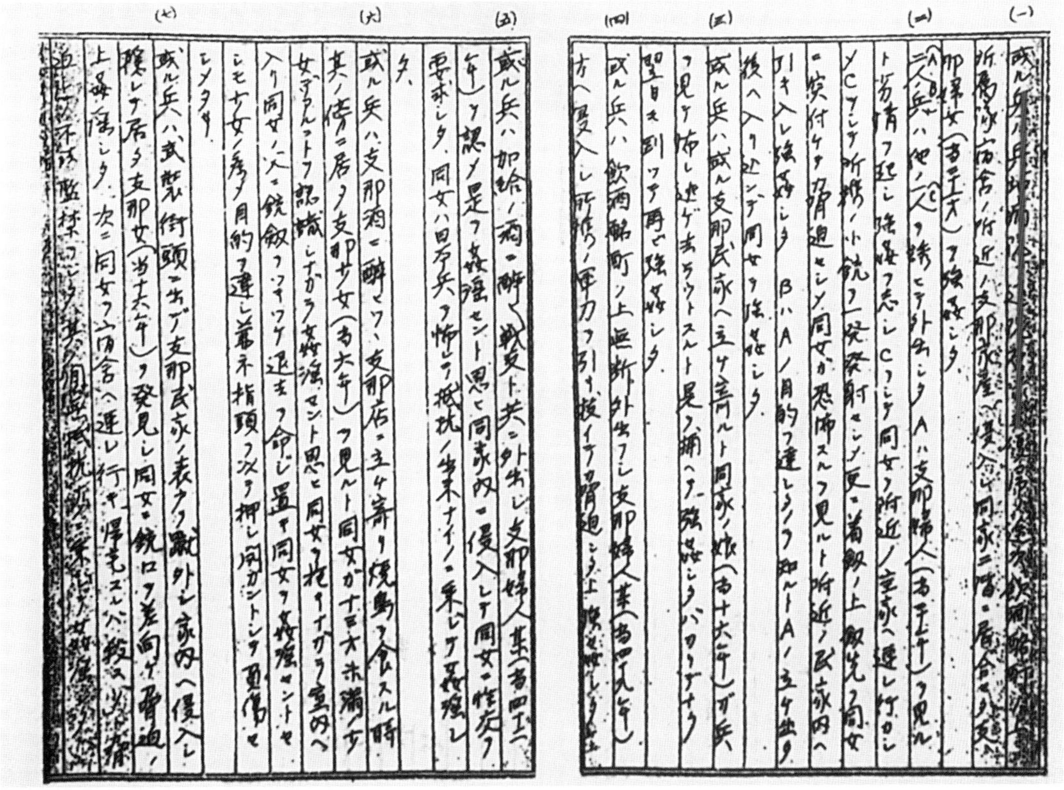

《昭和十三年步兵第九旅阵中日志》记载：为了抑制由于经常发生日军强奸事件而高涨的反日情绪，日军在严格管理的同时，建立慰安所

——李晓方：《世纪呐喊——67 位幸存慰安妇实录》

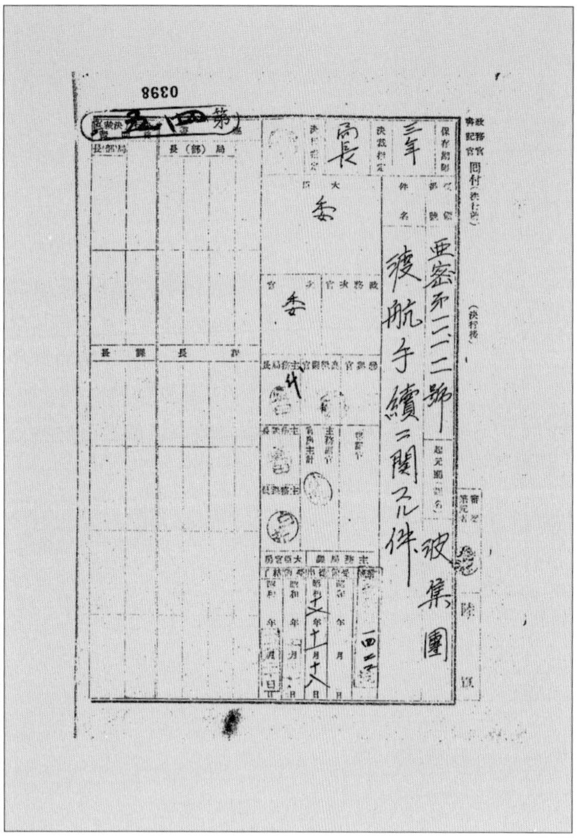

0398

亜密第二二二號

渡航手續ニ関スル件

1942 年 11 月 18 日，关于海上运送“慰安妇”前往东南亚等地的相关指示

——日本防卫省防卫研究所藏

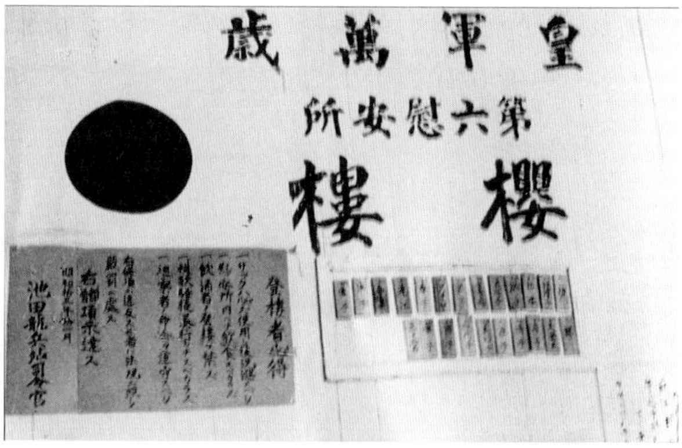

日军第六慰安所“樱楼”

——苏智良 供图

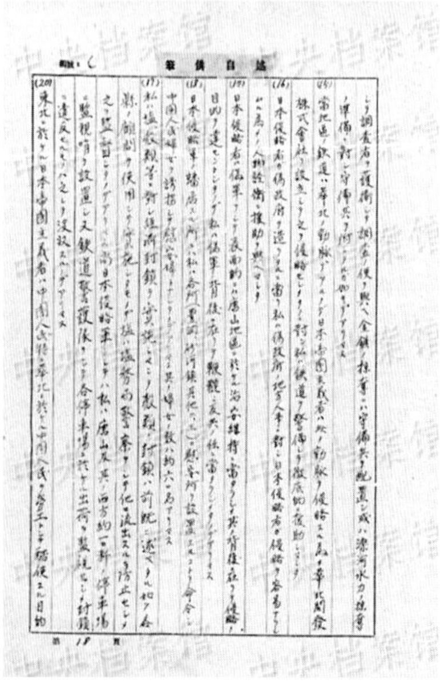

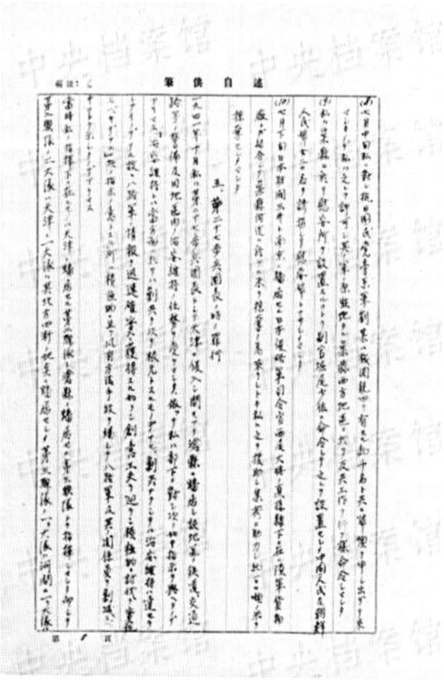

日本战犯铃木启久笔供摘要：

1941 年，在安徽巢县设置慰安所，并诱拐了 20 名中国妇女及朝鲜妇女作为“慰安妇”。

1942 年，命令日军盘踞地区“皆设慰安所”，并引诱 60 名的中国妇女任“慰安妇”。

——中央档案馆藏

四、日军慰安所的类型与管理

日军通过直接建立和管理的慰安所，军队专用慰安所，日军指定民间妓院在一定时间内由军队进行专门利用的慰安所，以及在占领地强掳女性进入日军据点实施性暴力等多种方式，建立了各种类型的慰安所。同时，日军为了维持军队秩序，防止性病的蔓延，对军队慰安所和从军“慰安妇”进行了严格的管理与控制。

1937 年 12 月 22 日开设的南京傅厚岗慰安所，是日军在南京建立的第一个专门接待日军将校军官的慰安所。图为傅厚岗日军慰安所旧址

1938 年 1 月 13 日，上海杨家宅娱乐所在翔殷路东沈家宅开业，这是上海第一个由日军设立和管理的正式的慰安所

——（日）《一亿人的昭和史》

日军占领一地，即强占民屋开设慰安所，图为一队日军士兵正在慰安所前排队等待进入

——苏智良 供图

山西省的特色建筑窑洞也成了日军慰安所

——苏智良 供图

日军在黑龙江省孙吴县设立的“军人会馆”——日军高级军官慰安所

——陈丽菲：《日军慰安妇制度批判》

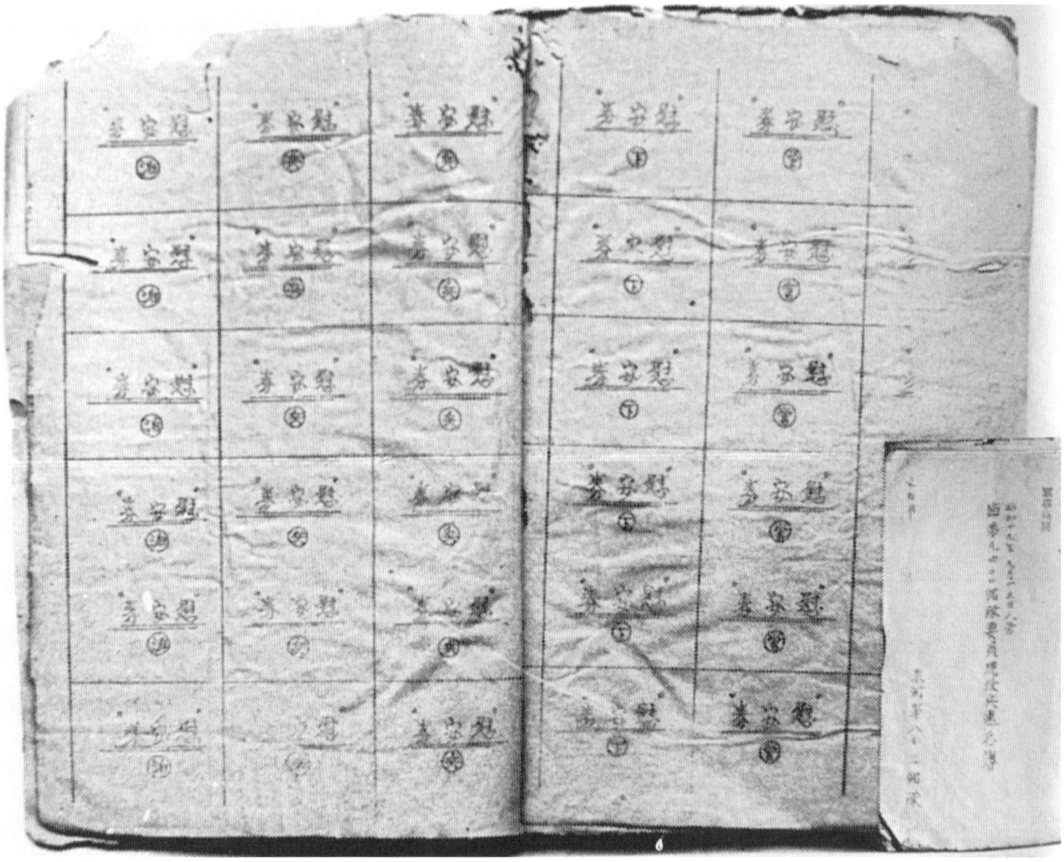

日军印发的慰安券

——（日）西野瑠美子：《从军慰安妇——原日本士兵的证言》

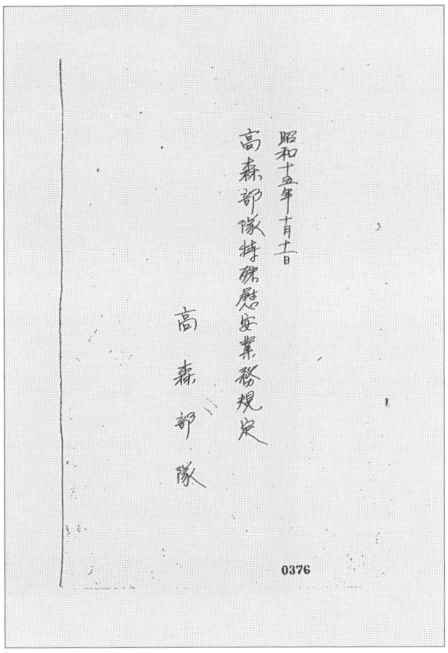

昭和十五年十月十日

高森部隊特殊慰安業務規定

高森部隊

0376

日军独立炮兵第三联队高森部队阵中日志（1940 年 10 月 1 日 -1945 年 10 月 30 日），内有关于慰安所内“慰安妇”与日军的人数比例的规定

——日本防卫省防卫研究所藏

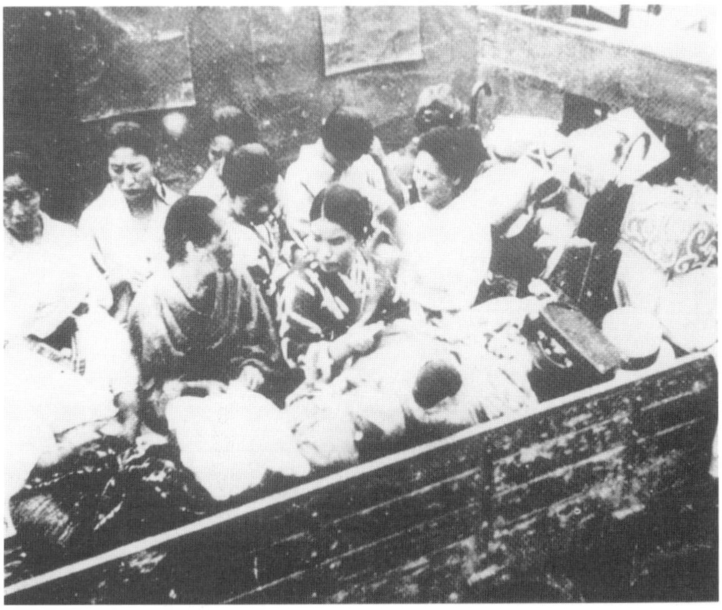

随着战地的转移，日军用卡车运送“慰安妇”

——苏智良 供图

海南岛日军慰安所管理、流动系统

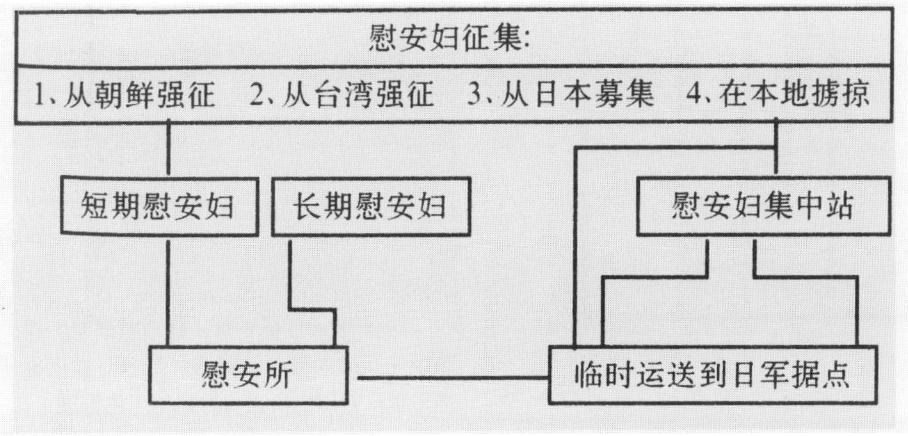

——苏智良：《慰安妇研究》

日军对“慰安妇”定期进行性病检查。此外，为严防性病传染，日军向部队官兵配发避孕套。避孕套作为战略物资而被紧急运至前线。这些避孕套上不仅印有日军的标志，还有4个汉字“突击一番”

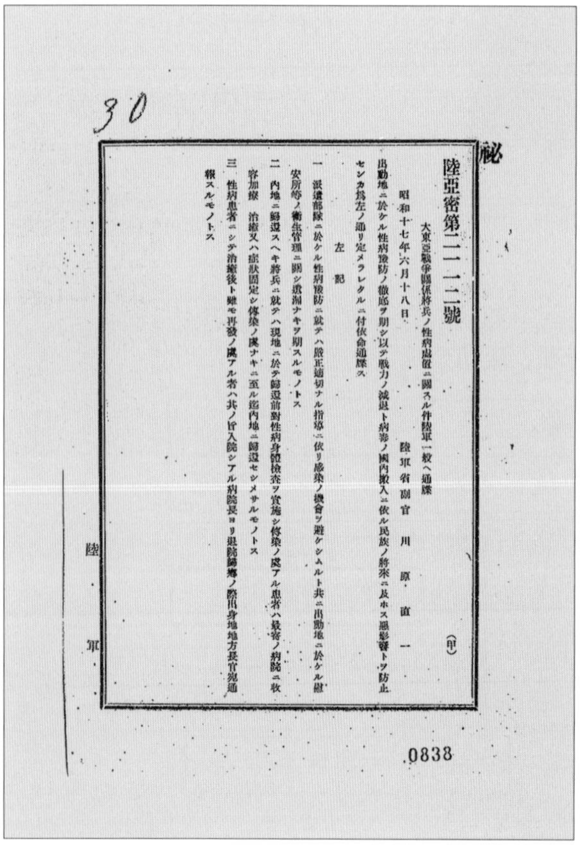

30

秘

陸亞密第二一一二號 (甲)

大東亞戰爭關係將兵ノ性病處置ニ關スル件陸軍一般ヘ通牒

昭和十七年六月十八日 陸軍省副官 川原直一

出動地ニ於ケル性病豫防ノ徹底ヲ期シ以テ戰力ノ減退ト病毒ノ國内搬入ニ依ル民族ノ將來ニ及ホス惡影響トヲ防止セシカ爲左ノ通リ定メラレタルニ付依命通牒ス

左記

一 派遣部隊ニ於ケル性病豫防ニ就テハ嚴正適切ナル指導ニ依リ感染ノ機會ヲ避ケシムルト共ニ出動地ニ於ケル慰安所等ノ衞生管理ニ關シ遺漏ナキヲ期スルモノトス

二 内地ニ歸還スヘキ將兵ニ就テハ現地ニ於テ歸還前對性病身體檢査ヲ實施シ傳染ノ虞アル患者ハ最寄ノ病院ニ收容加療 治癒又ハ症狀固定シ傳染ノ虞ナキニ至ル迄内地ニ歸還セシメサルモノトス

三 性病患者ニシテ治癒後ト雖モ再發ノ虞アル者ハ其ノ旨入院シアル病院長ヨリ退院歸郷ノ際出身地地方長官宛通報スルモノトス

陸軍

0838

日军陆亚密第2112号：1942年6月18日，大东亚战争中颁发的陆军士兵性病处理通告：为预防性病蔓延，日军要求当地部队对慰安所进行严格的卫生管理，并对回国士兵进行性病检查

——日本防卫省防卫研究所藏

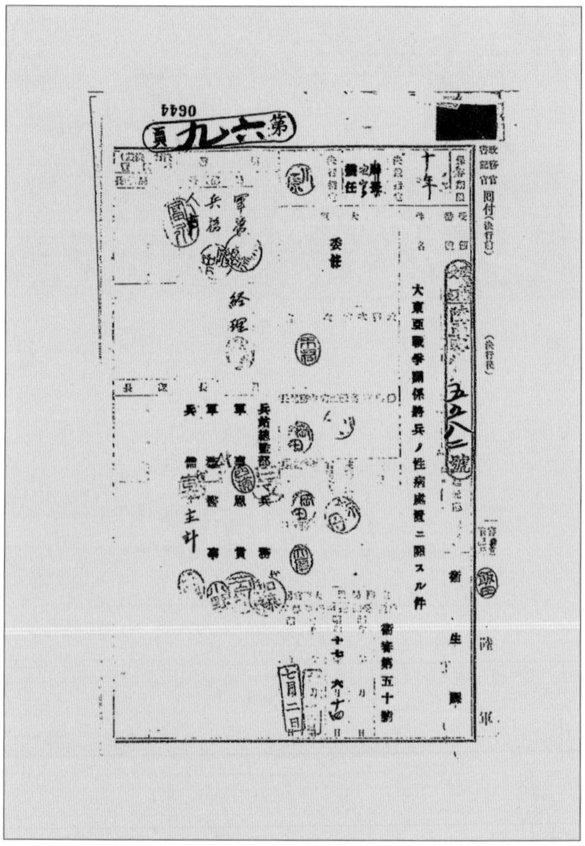

0644

十年

委任

大東亞戰爭關係將兵ノ性病處置ニ關スル件

衞生課

衞普第五十號

兵站總監部

軍務

兵務

經理

主計

七月二日

陸軍

1942年6月至7月，日本军部卫生课关于大东亚战争中士兵性病处理的通告：为预防性病蔓延，日军要求当地部队对慰安所进行严格的卫生管理

——日本防卫省防卫研究所藏

日本军医麻生彻男在上海其美路（今四平路）沙泾小学为“慰安妇”们做体检

——（日）《一亿人的昭和史》

“慰安妇”体检台

——（日）《一亿人的昭和史》

女性们排着队等待身体检查

——（日）《一亿人的昭和史》

为了维持日军慰安所的秩序，维护“皇军”的威严，日军各部队制定慰安所的使用规定，包括进入人员、营业时间、收费标准、注意事项等

——（日）《一亿人的昭和史》

一队日本士兵在慰安所外等候，身后的墙上挂有慰安所规定

——（日）西野瑠美子：《从军慰安妇——原日本士兵的证言》

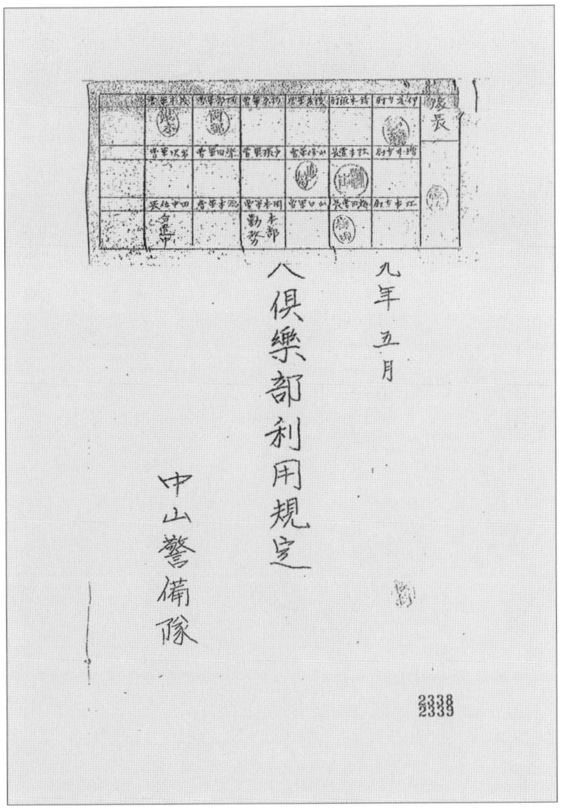
九年 五月

人倶樂部利用規定

中山警備隊

2338
2339

1944 年 5 月，日本独立步兵第十三旅团（广东）中山警备队有关“军人俱乐部利用规定”

——日本防卫省防卫研究所藏

2014 年 4 月，吉林省档案馆公布的档案中有 25 件记载了 20 余个地方建有专为日军提供“性服务”的场所（慰安所）

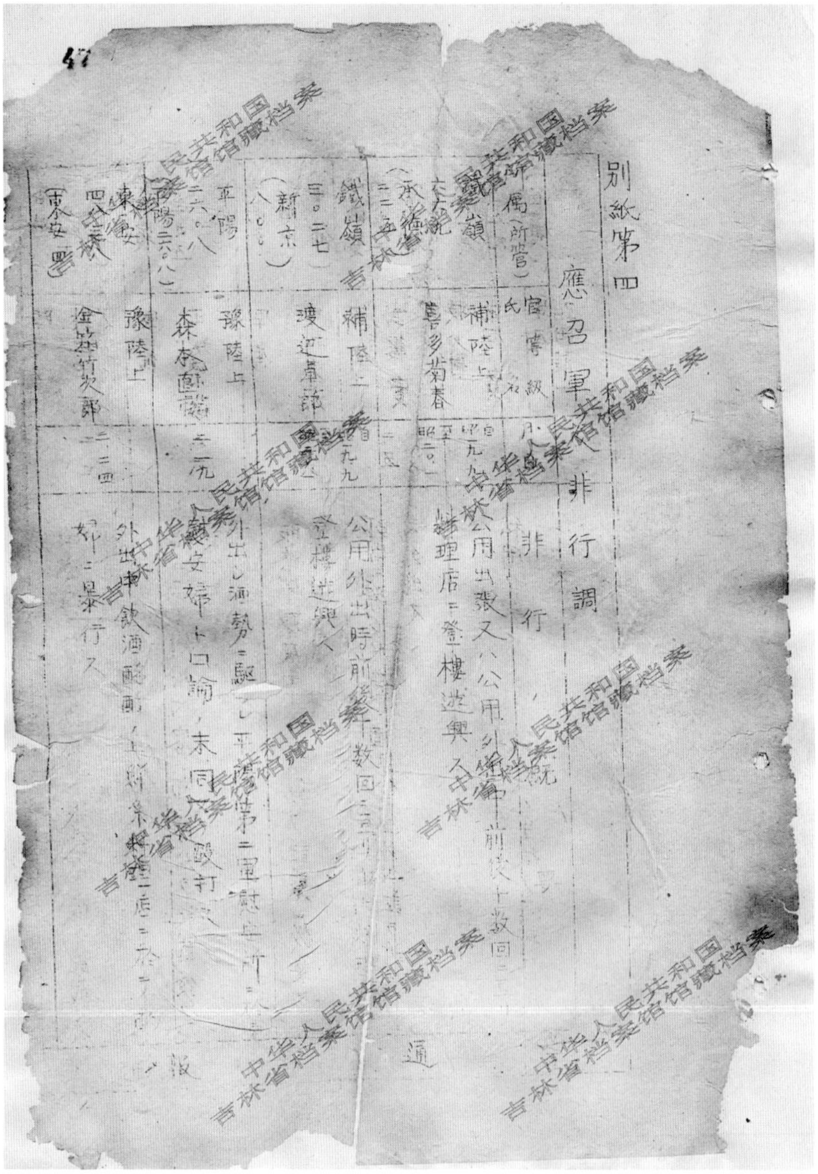

档案图片：1944 年 2 月 29 日，日军驻平阳二六〇八部队预备陆军上士森本直市酒醉后，到平阳第二军慰安所与“慰安妇”争执并进行殴打。此为森本被通报处理的《日本军人犯罪调查表》

——吉林省档案馆：《铁证如山》

第二部分

沪城性奴泪

——上海日军慰安所与“慰安妇”制度

自清末以来，上海是日本海军在海外的最大基地，日本海军陆战队司令部就设在上海虹口。1932年1月，日本海军在虹口选择了“大一沙龙”等4家风俗店作为海军的指定慰安所。这是目前史料中所见最早的慰安所记录。全面侵华战争期间，日军慰安所在上海大量出现。据中国慰安妇问题研究中心的调查统计，上海是日军设立慰安所最多的城市，目前能确认的日军慰安所至少有166个。

一、日军在沪慰安所

早在20世纪30年代初，日本海军为了向其陆战队员提供“卫生”的性服务，在虹口选择了“大一沙龙”“小松亭”“永乐馆”“三好馆”等4家日本妓院作为其海军的军用妓院。1932年的日本“慰安妇”团，是日本陆军第一次有组织地使用“慰安妇”。全面侵华战争初期，日军设立了上海派遣军东兵站司令部管理的杨家宅慰安所。此后，日军直营的，日侨、朝鲜侨民经营的，以及汉奸经营的各种慰安所充斥于上海各处。

上海伦敦酒吧是当年朝鲜人经营的6家风俗店之一，由姜汉朝在虬江路97号开设

——苏智良等：《上海日军慰安所实录》

位于今上海北四川路1604弄63号的“六一亭”日军慰安所旧址内的旋转楼梯，三楼房门上保留着当年插放“慰安妇”名牌的金属牌框

——苏智良等：《上海日军慰安所实录》

位于今上海四川北路海宁路口的虹口大楼，据1938年出版的《皇军的兽行》披露，这幢7层建筑曾作为日军慰安所

——苏智良 供图

位于今上海钱仓路350号的陈氏住宅，20世纪30年代是浦东最豪华的建筑之一。1943年，日军分别在此设立了日本军官和士兵慰安所

——苏智良 供图

上海江湾的万安路是日占时期有名的“花街”。日军将当地首富严泉秋的住宅作为慰安所，在其门口写有对联：“热烈欢迎圣战大胜的勇士，请接受大和女子奉献身心的服务。”

——（日）麻生彻男：《从上海到上海》

二、亚洲第一个日军慰安所——“大一沙龙”

位于今上海东宝兴路125弄的“大一沙龙”，是日本海军指定开设的特别慰安所之一，由日侨近藤夫妇经营，其中的“慰安妇”分别来自日本、朝鲜和中国。“大一沙龙”从1931年营业至1945年日本无条件投降，它既是日军在亚洲设立的第一个慰安所，也是世界上存在时间最长的日军慰安所。

日本海军“大一沙龙” 慰安所房间内部的富士山木雕

——苏智良 供图

战争时期的《支那在留邦人人名录》中，刊有“大一沙龙”日本海军慰安所的广告

——苏智良 供图

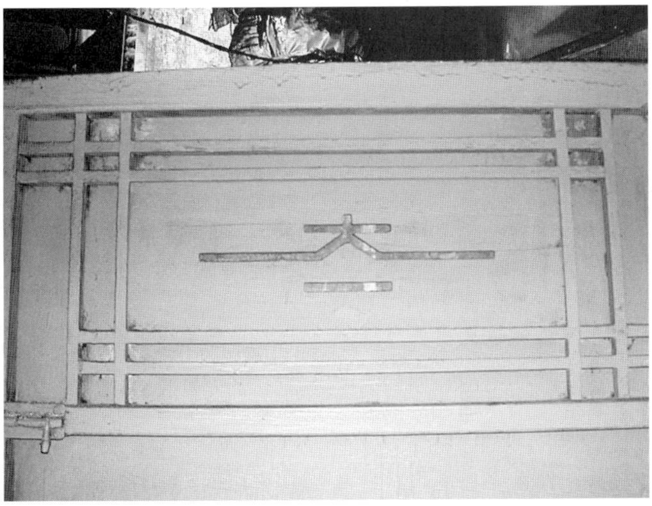

东宝兴路125弄的建筑里，至今还保留着作为日本海军“大一沙龙”慰安所的最直接的证据——刻有“大一”二字的门板

——苏智良 供图

此为日本海军“大一沙龙” 慰安所旧址的一部分。这个圆形的水泥地原是露天舞池，中央原有一处喷水池

——苏智良 供图

今东宝兴路125弄1号的园子还能找到当年日式庭院的痕迹

——苏智良 供图

日本海军“大一沙龙”慰安所见证者陆明昌

——苏智良 供图

证人证言：

最初的“大一沙龙”，客人除了日本海军以外，还有日侨。进大门后是个日本式庭院，上台阶里面是个大酒吧，平时接待客人，可以喝酒，也可跳舞。两厢房、二楼以及后面的3幢建筑均是日本“慰安妇”的房间。楼房的东侧有个花园，中间是个喷水池，四周的空地就是舞场，每天这里都是莺歌燕舞，尤其是晚上7点起最为热闹。“八·一三”事变爆发后，这里成为日本海军专用的慰安所。“慰安妇”们穿着和服，大多数是来自日本贫困山区的女子。后来，有了朝鲜女子。日本医生每周都来检查，在一楼的4号房间为“慰安妇”检查身体，营业情况极好。因此，后来老板近藤就一个人带着钱财跑回东京享受去了，“大一沙龙”便由老板娘一个人支撑。约在1944年左右，老板娘也死了。此后，则由其儿子经营，直到战争结束。

——苏智良 提供

三、上海最大的日本海军慰安所——“海乃家”

“海乃家”曾是上海最大的日本海军慰安所，由日本海军全权委托日侨坂下熊藏经营，设有总馆和分馆。“海乃家”坐落在上海沪东公平路公平里 12 号（今公平路 425 弄），从 1939 年营业至 1945 年日本无条件投降，曾有来自日本、朝鲜和中国的“慰安妇”40 人。

“海乃家”日军慰安所

——（日）华公平:《从军慰安所“海乃家”的故事》

“海乃家”日军慰安所设立在上海公平路公平里

——（日）华公平:《从军慰安所“海乃家”的故事》

“海乃家”日军慰安所经营者、日侨坂下熊藏（右）

——苏智良 供图

“海乃家”日军慰安所老板娘和日本兵与部分“慰安妇”合影

——苏智良 供图

“海乃家”日军慰安所部分人员与日本军人的合影

——（日）华公平：《从军慰安所“海乃家”的故事》

“海乃家”日军慰安所分馆设在距离上海公平路总馆约 1 公里处，是一幢 3 层建筑

——苏智良等：《上海日军慰安所实录》

原“海乃家”日军慰安所分馆的大门，依旧保持原来的样子

——苏智良等：《上海日军慰安所实录》

日军官兵当年就是从这个楼梯进入“慰安妇”的房间
——苏智良等：《上海日军慰安所实录》

慰安所时代的浴缸，依旧保存完好
——苏智良等：《上海日军慰安所实录》

这里原来是“海乃家”日军慰安所的厨房
——苏智良等：《上海日军慰安所实录》

原“海乃家”日军慰安所分馆当年使用的马桶
——苏智良等：《上海日军慰安所实录》

四、日军直营的杨家宅慰安所

1938年1月13日，由日本华中方面派遣军东兵站司令部设立的上海杨家宅慰安所，在翔殷路东沈家宅开业。它是日军实行“慰安妇”制度后在上海设立和管理的第一个正式的慰安所。杨家宅慰安所开了日军强征、掳掠良家妇女为性奴隶的先河，其慰安所的规定被延用于各地。

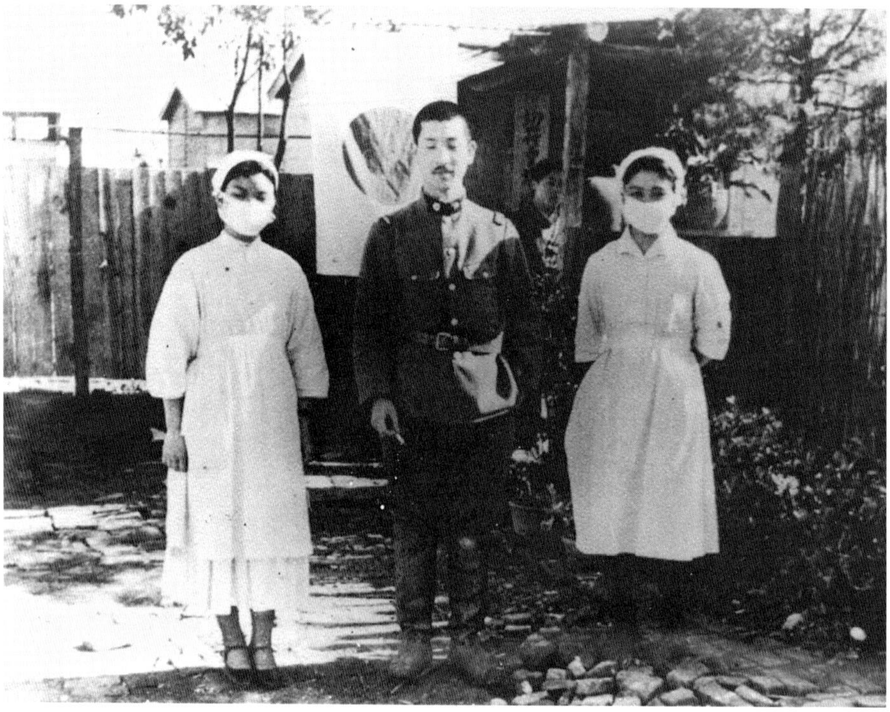

日本河合军医与护士在杨家宅日军慰安所门前留影

——（日）麻生彻男：《从上海到上海》

竖在杨树浦路上的杨家宅慰安所广告牌

——（日）麻生彻男：《从上海到上海》

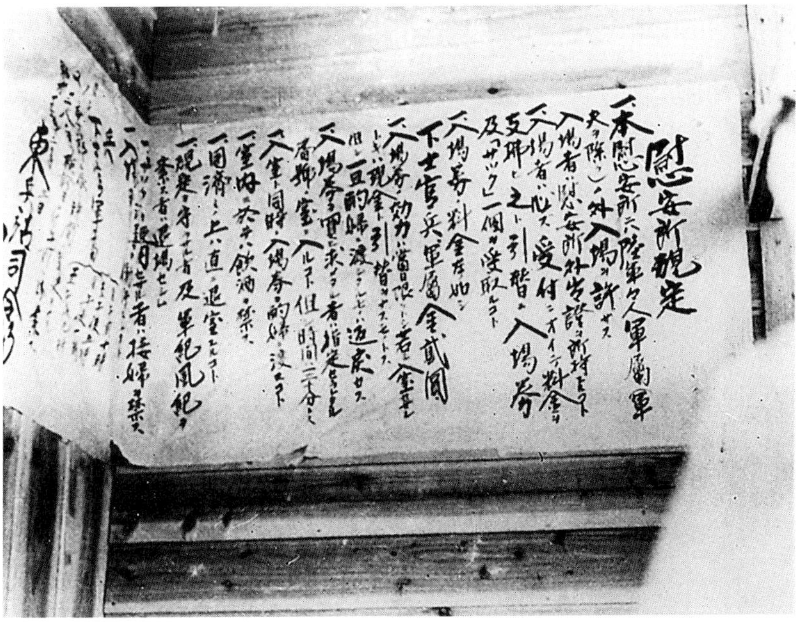

日军慰安所规定，其落款清楚地写着“东兵站司令部”

——（日）《一亿人的昭和史》

慰安所规定

一、本慰安所只限陆军军人、军方聘用人员入场，入场者须持有慰安所出入许可证；

二、入场者必须登记并支付费用，才能得到入场券及避孕套一只。

三、入场券的价格，下士、士官、军聘人员为 2 日元，军官为 5 日元；

四、入场券当日有效，在未使用前可退票，但如果已将票交给酌妇后，则一律不可退票；

五、购买入场券者进入指定的房间，时间为 30 分钟；

六、入室的同时须将入场券交给酌妇；

七、室内禁止饮酒；

八、完毕之后即退出房间；

九、违反规定及军风纪紊乱者须退场；

十、不使用避孕套者禁止碰酌妇；

十一、入场时间，兵士为上午 10 时至下午 5 时，下士官及军方聘用人员为下午 1 时至 9 时。

东兵站司令部

史留留

——苏智良 供图

证人证言：

我叫史留留，1919 年生于东沈家宅，家住在东沈家宅 83 号。我亲眼看着日军将东头的房子全部拆毁后，造起了这照片上的日本式木屋，我也曾做过一点木工活，里面的女人有朝鲜人，也有中国人，但所有的女人都穿着和服。进进出出的全是日本兵，有时是坐汽车来的，他们经常在这里喝酒。

——苏智良 提供

五、上海日军“慰安妇”幸存者

在上海的日军，通过掳掠、诱骗等手段强征“慰安妇”，以满足日军官兵的性欲。她们中的绝大部分人生活在饥寒交迫、超负荷劳作而得不到任何报酬的状态，尤其是朝鲜和中国妇女，受尽暴力虐待，不但完全失去了人身自由，而且随时可能被杀害。战后，曾在上海的日军“慰安妇”幸存者们通过各种方式，控诉了日军非人道的罪行，同时留下了历史的见证。

上海日军“慰安妇”幸存者朱巧妹
——苏智良 供图

2001年，上海市静安区公证处为朱巧妹老人作受害事实公证
——苏智良 供图

证人证言：

1938年春天，日本人占领了崇明。日军在崇明庙镇建造了炮楼，驻扎有日本兵，经常出来“扫荡”，我们也没有地方可逃，就在自家小饭店里，关了门躲躲。有一天，几个穿黄军装的日本兵手拿长枪冲了进来，他们把人全部赶走，把我关进房间，做了坏事（强奸）。我当时已怀孕二三个月，他们哪里管！

——节选自苏智良、陈丽菲2000—2004年多次调查朱巧妹的采访记录

上海日军“慰安妇”幸存者陆秀珍
——陈丽菲：《日军慰安妇制度批判》

上海日军“慰安妇”幸存者陆秀珍作受害事实公证
——苏智良 供图

证人证言：

1938 年我 21 岁时，日本人占领了上海崇明。有一次，我来不及逃，被金翻译和日本兵捉到崇明庙镇的日军慰安所里。那房子是两层楼房，共有十几个女的，每人一个房间。我住在下层，只有一张床，没有其他东西。部队的营房离我们所住的慰安所很近，那里有个 30 多岁的队长，总是白天到我房间来坏我（奸淫）。他隔二三天来一次，有时带几个罐头来给我。实际上，我是被队长一个人控制（性奴）的，他规定其他日本兵不准来弄（奸淫）我。

上海日军“慰安妇”幸存者郭亚英与老伴
——苏智良等：《上海日军慰安所实录》

证人证言：

1938年至1939年，日军在上海庙镇驻扎了大约1个中队的兵力，至少有20多人。当时日军在庙镇中心修建了营地及慰安所。当时，我已育有两子，与丈夫一起开了一个小点心铺。日军和汉奸威胁我（接受其奸淫），如不服从命令，就要砸光我的铺子，关押我的丈夫和孩子。1938年至1939年中，日军每周都有数次到我家中，或带我到营地，对我实施性暴力，有时会将我关闭一天一夜充当三四个日军的性奴隶，不准回家。前后有一年时间。在此期间，我当时的丈夫因此抑郁而死。

金陵梦魇

——南京日军慰安所与“慰安妇”

日军占领南京后，日本军部立即部署与设立慰安所。南京成为侵华日军实施“慰安妇”制度最早、慰安所与“慰安妇”数量最多的大城市之一，也是中、韩、朝、日等国家妇女受害最严重、最典型的地方。1937年12月13日至1945年9月9日，日军在南京设立的慰安所达40多家，强征大批妇女充当日军官兵的性奴隶，充分暴露了日本军国主义的残忍、野蛮与暴虐。

一、南京日军慰安所

1937年12月13日，日军侵占南京，制造了惨绝人寰的南京大屠杀惨案，大量无辜妇女惨遭强奸，在国际谴责和日益严重的性病面前，日军着手在南京筹建慰安所。在日本军政当局的主持与支持下，一批慰安所迅速在南京建立起来，主要集中在城南、城中、城北下关，城外郊区如浦口、江浦、汤山等地，许多妇女成为日军的性奴隶。

长江岸边遭日军屠杀的南京大屠杀遇难者尸体成堆
——（日）《村濑守保写真集·我从军在中国战场》

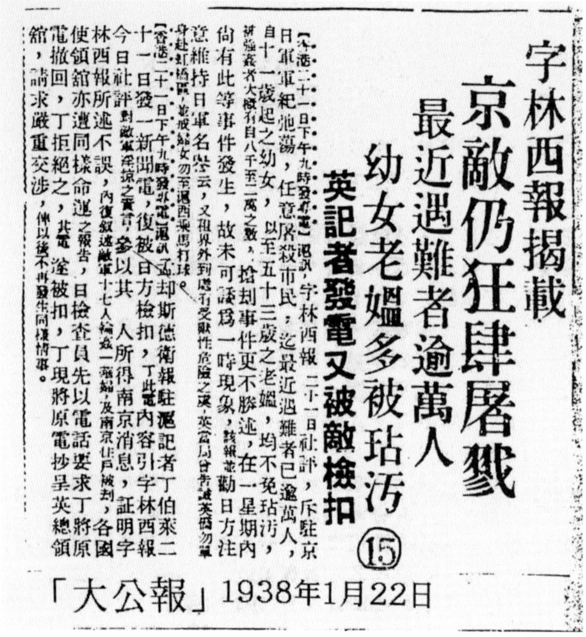

字林西報揭載

京敵仍狂肆屠戮

最近遇難者逾萬人

幼女老媼多被玷污

英記者發電又被敵檢扣 ⑮

【香港二十一日下午九時發專電】滬訊，字林西報二十一日社評，斥駐京日軍軍紀弛蕩，任意屠殺市民；迄最近遇難者已逾萬人，自十一歲起之幼女，以至五十三歲之老媼，均不免玷污，被強姦者大概有自八千至二萬之數，搶劫事件更不勝述，在一星期內尚有此等事件發生，故未可諉為一時現象，該報並勸日方注意維持日軍名譽云，又租界外到處有受獸性危險之虞，英當局曾告誡英僑勿單身赴虹橋區，並戒婦女勿至滬西乘馬打球。

【香港二十一日下午九時發專電】滬訊，孟卻斯德衛報駐滬記者丁伯來二十一日發一新聞電，復被日方檢扣，丁此電內容引字林西報今日社評對敵軍淫掠之責言，參以其人所得南京消息，證明字林西報所述不誤，內復敘述敵軍十七人輪姦一孕婦，及南京住戶被劫，各國使領館亦遭同樣命運之報告，日檢查員先以電話要求丁將原電撤回，丁拒絕之，其電遂被扣，丁現將原電抄呈英總領館，請求嚴重交涉，俾以後不再發生同樣情事。

「大公報」1938年1月22日

日军在南京奸淫妇女的报道

——《大公报》1938 年 1 月 22 日

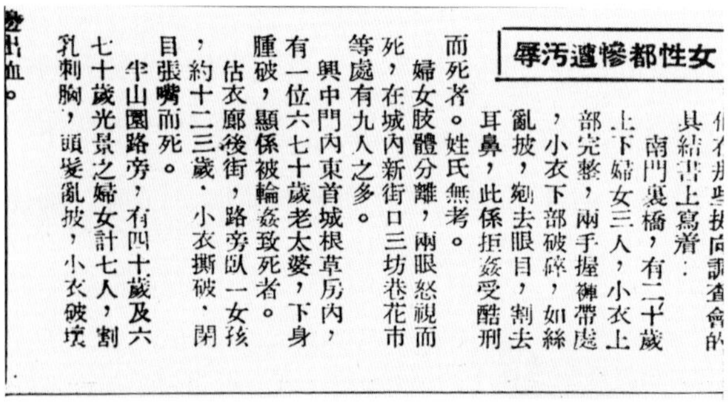

女性都慘遭汙辱

具結書上寫着：

南門裏橋，有二十歲上下婦女三人，小衣上部完整，兩手握褲帶處，小衣下部破碎，如絲亂披，剜去眼目，割去耳鼻，此係拒姦受酷刑而死者。姓氏無考。

婦女肢體分離，兩眼怒視而死，在城內新街口三坊巷花市等處有九人之多。

興中門內東首城根草房內，有一位六七十歲老太婆，下身腫破，顯係被輪姦致死者。

估衣廊後街，路旁臥一女孩，約十二三歲，小衣撕破，閉目張嘴而死。

半山園路旁，有四十歲及六七十歲光景之婦女計七人，割乳刺胸，頭髮亂披，小衣破壞

《日军暴行备忘录》记述南京“女性都遭奸污”

——《日军暴行备忘录》

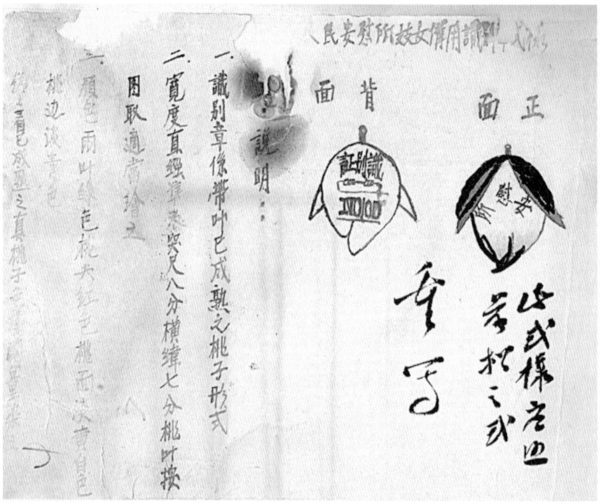

南京夫子庙地区人民慰安所识别证样式

——南京市档案馆 提供

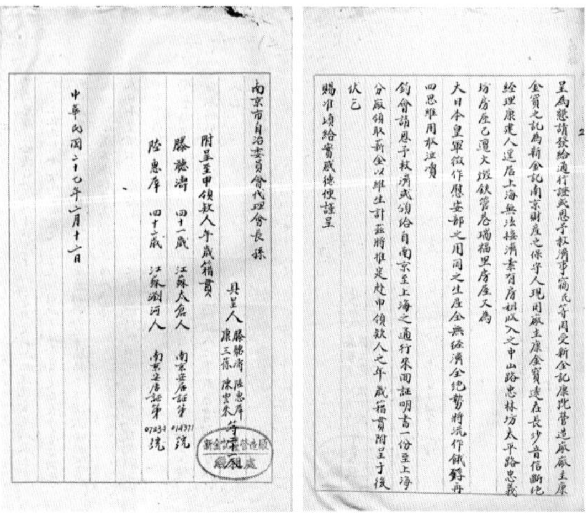

南京市自治委员会关于“日军占用铁管巷瑞福里房屋做慰安部之用”的呈文

——南京市档案馆 提供

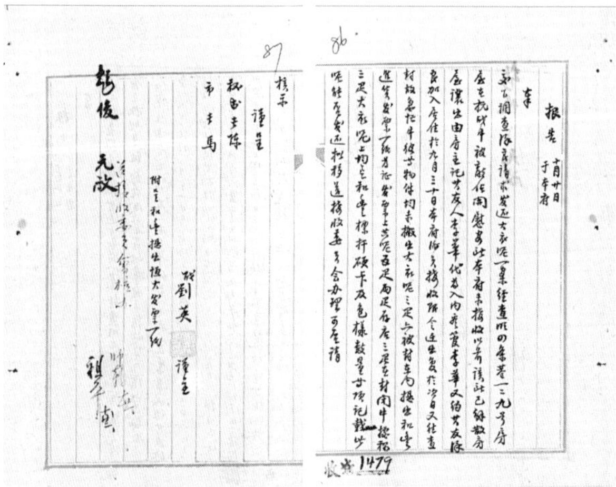

日军占用四条巷 129 号房屋做慰安所并抢劫屋内财物一事的报告

——南京市档案馆 提供

傅厚岗日军慰安所旧址

——苏智良 供图

邓府巷杨公馆日军慰安所旧址

——侵华日军南京大屠杀遇难同胞纪念馆藏片

日军侵占南京后设立的慰安所一览表

序号	名称	所在位置
1	日华亲善馆	夫子庙
2	故乡楼慰安所	利济巷 18 号
3	大华楼慰安所	白下路 213 号
4	共乐馆慰安所	桃源鸿 3 号
5	东云慰安所	利济巷普爱新村
6	浪花慰安所	中山东路
7	菊花馆慰安所	湖南北路楼子巷
8	青南楼慰安所	太平路白菜园
9	满月慰安所	相府营
10	鼓楼饭店中部慰安所	鼓楼饭店
11	人民慰安所	贡院街海同春旅馆
12	人民慰安所	市府路永安里
13	惠民桥升安里慰安所	惠民桥升安里
14	傅厚岗慰安所	傅厚岗
15	上军南部慰安所	铁管巷四达里
16	上军北部慰安所	铁管巷山西路口
17	龙潭慰安所	龙潭镇
18	四条巷慰安所	四条巷
19	华月楼慰安所	下关惠安巷
20	皇军慰安所	不详
21	浪速慰安所	不详
	在科巷、水巷及珠江饭店等处另设有慰安所	

※ 据南京晚报出版部 1938 年出版的白芜《今日之南京》一书而制

（一）利济巷日军慰安所

利济巷日军慰安所系原国民党中将杨普庆于 1935 年至 1937 年建造的高级“洋房”，为两层砖木混合结构建筑物。日军占领南京后，将利济巷 2 号改造为“东云慰安所”，将 18 号改造为“故乡楼慰安所”，交给日侨千田经营。利济港 2 号一楼有 14 间小房间，二楼有 16 间小房间，第 19 号房间是朝鲜籍“慰安妇”朴永心当年被拘禁的地方。2003 年 11 月 21 日，她曾经来现场进行指认。2014 年 6 月 7 日，利济巷慰安所旧址被南京市人民政府列为市级文保单位。

南京利济巷慰安所见证者杨秀英

——侵华日军南京大屠杀遇难同胞纪念馆藏片

证人证言：

我家一直住在利济巷，当时左右隔壁都住着日本人，有的开店，我向他们学会了讲日语。利济巷 18 号原房主姓杨，叫杨普庆，故叫“普庆新村”。日本人侵占南京时，姓杨的逃走了，房子被日本人占据开慰安所，叫“故乡楼慰安所”。日军慰安所有一个大铁门，门朝南开。这慰安所是日本人开的，里面的“慰安妇”是日本女人，穿日本和服。利济巷 2 号，是朝鲜慰安所，叫“东云慰安所”，“慰安妇”是朝鲜人，穿朝鲜服。慰安所的老板叫千田，经常到我小店来买烟酒，所以知道是朝鲜“慰安妇”。

——段月萍 提供

2003 年拍摄的利济巷日军慰安所旧址

——泱波 供图

2004 年拍摄的利济巷日军慰安所旧址

——泱波 供图

1998 年，南京大学高兴祖教授（左）、上海师范大学苏智良教授（右）开展南京利济巷日军慰安所调查工作

——侵华日军南京大屠杀遇难同胞纪念馆藏片

1999 年 9 月 8 日，侵华日军南京大屠杀遇难同胞纪念馆馆长朱成山研究员（右一）带领纪念馆工作人员寻访利济巷日军慰安所旧址、采访见证人

——侵华日军南京大屠杀遇难同胞纪念馆藏片

1999 年 9 月 23 日，日本空野佳弘律师、山内小夜子、山本干夫调查采访利济巷日军慰安所见证人

——侵华日军南京大屠杀遇难同胞纪念馆藏片

2003 年 11 月，朱宏（右一）、日本学者西野瑠美子（右三）在利济巷日军慰安所旧址采访见证人

——侵华日军南京大屠杀遇难同胞纪念馆藏片

2003 年，南京师范大学历史系经盛鸿教授赴南京利济巷日军慰安所旧址采访见证者

——经盛鸿 供图

2006 年，浙江省文广新局干部李晓方赴南京利济巷日军慰安所旧址采访见证者

——李晓方 供图

2014年6月7日，利济巷慰安所旧址被南京市人民政府列为南京市文物保护单位

——侵华日军南京大屠杀遇难同胞纪念馆藏片

2015年3月26日，南京利济巷慰安所旧址陈列馆陈展首次专家论证会在侵华日军南京大屠杀遇难同胞纪念馆举行

——侵华日军南京大屠杀遇难同胞纪念馆藏片

2015年4月17日，南京利济巷日军慰安所旧址陈列馆加固和修复工程专家评审会在利济巷旧址修复工程指挥部召开

——侵华日军南京大屠杀遇难同胞纪念馆藏片

2015年5月1日，举行南京利济巷慰安所旧址陈列馆加固和修复工程开工仪式，该工程建设专家组组长朱成山研究员宣布修复工程正式开工

——侵华日军南京大屠杀遇难同胞纪念馆藏片

2015 年 5 月 27 日，中共中央宣传部副部长、国务院新闻办公室副主任崔玉英（中）赴利济巷日军慰安所旧址施工现场视察

2015 年 8 月 11 日，南京市委副书记、市长缪瑞林（左四），市委常委、宣传部长徐宁（右六）等市领导赴利济巷日军慰安所旧址视察

——侵华日军南京大屠杀遇难同胞纪念馆藏片

2015 年 6 月 23 日，南京市委副书记龙翔主持专题会议，听取江东门纪念馆扩容工程及利济巷慰安所旧址陈列馆展陈工作汇报

——侵华日军南京大屠杀遇难同胞纪念馆藏片

2015 年 5 月 25 日，南京市委常委、宣传部长徐宁（左四）视察利济巷日军慰安所旧址施工现场

2015 年 6 月 8 日，工程建设专家组组长朱成山研究员（右一）陪同上海师范大学教授、中国慰安妇问题研究中心主任苏智良（左一），日本中央大学教授吉见义明（左二），日本关东学院大学教授林博史（右二）现场考察利济巷日军慰安所旧址

2015 年 10 月 15 日，大韩民国独立纪念馆馆长尹柱卿（中）一行现场考察利济巷慰安所旧址陈列馆

——侵华日军南京大屠杀遇难同胞纪念馆藏片

2015 年 4 月 18 日拍摄的南京利济巷日军慰安所旧址一角

——侵华日军南京大屠杀遇难同胞纪念馆藏片

2015 年 4 月 29 日，完成南京利济巷日军慰安所旧址垃圾的清理

——侵华日军南京大屠杀遇难同胞纪念馆藏片

2015 年 5 月，南京利济巷慰安所旧址加固和修复工程建设过程中的情景

——南京城建项目建设管理有限公司 供图

2015 年 6 月 8 日，南京利济巷日军慰安所旧址施工现场

——侵华日军南京大屠杀遇难同胞纪念馆藏片

（二）松下富贵楼日军慰安所

松下富贵楼日军慰安所位于南京市秦淮区常府街细柳巷福安里 1–7 号，为李澍生一家在 1931 年建成的 6 幢住房。南京大屠杀期间，日本宪兵队将这些房屋用铁栅栏围起，修理改建成慰安所，交由日本娼业主松下管理与经营，大门前竖有“松下富贵楼”水泥牌。这里的日军“慰安妇”多为韩国、日本与中国妇女，到这家慰安所寻欢作乐的多是将、佐级日军军官。

松下富贵楼日军慰安所旧址，现存有 4 栋红瓦房
——侵华日军南京大屠杀遇难同胞纪念馆藏片

福安里松下富贵楼日军慰安所旧址地名牌
——侵华日军南京大屠杀遇难同胞纪念馆藏片

房主李澍生（中排右二）于 1936 年 6 月在大安旅社拍摄的全家福
——李澍生三儿子李邦华 捐赠

房主李澍生的四儿子李邦贤指认福安里 2 号松下富贵楼日军慰安所旧址
——侵华日军南京大屠杀遇难同胞纪念馆藏片

房主李澍生的女儿李秀梅指认福安里 2 号松下富贵楼日军慰安所旧址
——侵华日军南京大屠杀遇难同胞纪念馆藏片

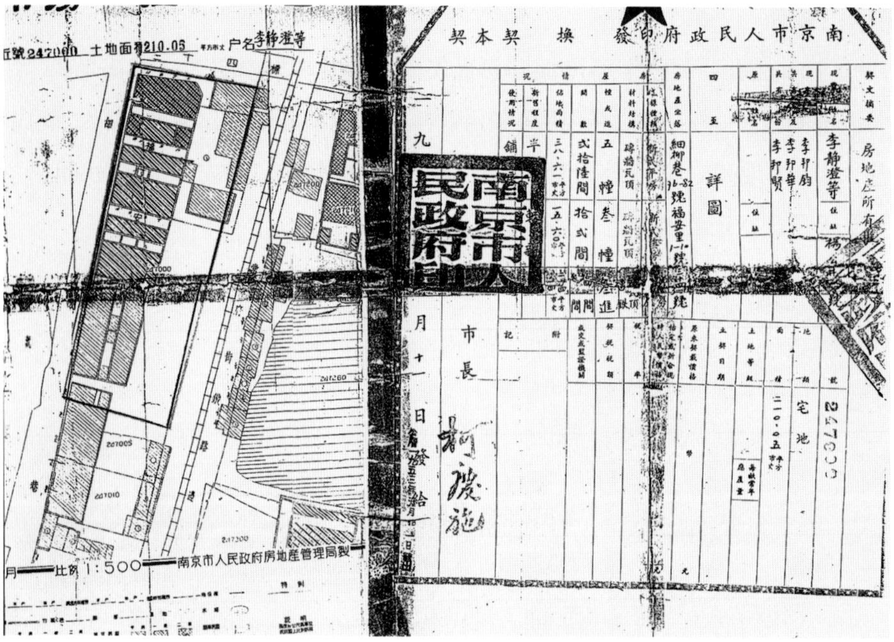

南京市人民政府于1953年颁发的福安里1–10号土地证
——侵华日军南京大屠杀遇难同胞纪念馆藏片

松下富贵楼日军慰安所旧址内保留下来的日军“慰安妇”使用过的浴缸
——侵华日军南京大屠杀遇难同胞纪念馆藏片

陈祥顺
——《现代快报》

证人证言：

我叫陈祥顺，1921年出生。当时的“松下富贵楼”从北往南有四排房子，前面两排是两层楼的楼房，后面两排为青砖墙红瓦顶的平房。临街的楼房非常豪华，楼房东西面两侧的水泥墙上还写着斗大的黑体字，直排行书体“松下富贵楼”。当年南京沦陷期间，无论是白天还是晚上，都能看见有好几辆日本汽车停在细柳巷内，进出的都是日本军官，穿戴讲究，腰里挎着指挥刀。后两排平房之间都装有铁栅栏门，从没看见铁门开过。里面来来往往的妇女有的是日本人打扮，有的是中国人打扮。大门两边都是日本兵持枪站岗。中国老百姓是不能靠近这座日军“松下富贵楼”的。这种情况一直持续到1945年抗战胜利。

（三）鼓楼饭店日军慰安所

鼓楼饭店日军慰安所位于南京市鼓楼区黄泥岗附近的鼓楼饭店内。该饭店外观呈四合院式，二层楼结构，共有五进。这里曾是二战时期南京最著名的日军慰安所之一。据当年目击者称，该慰安所内的“慰安妇”约有二三十人，都是穿着和服的日本人。

南京鼓楼饭店日军慰安所是战时日军在南京设立的慰安所之一

——陈丽菲：《日军慰安妇制度批判》

南京鼓楼饭店日军慰安所旧址

——（日）西野瑠美子、林博史等：《慰安妇——战时性暴力的真相Ⅱ》

南京鼓楼饭店日军慰安所，为日军在南京设立的最大规模慰安所之一，今黄泥岗31号为其建筑之一部

——苏智良：《日军性奴隶——中国“慰安妇”真相》

证人证言：

家住黄泥岗44号的陈有豪证实：“我是1938年10月份左右回南京，就住在黄泥岗。我家对面是日本人开的慰安所，叫‘鼓楼饭店’，外观是教堂式的，方方的二层楼，共有五进。‘慰安妇’都是日本人，穿和服。估计里面有20–30个日本女人。星期天，日本兵来得多，平时少些，日本投降后就撤了。”

（四）下关华月楼日军慰安所

华月楼日军慰安所位于南京市鼓楼区下关商埠街惠安巷13号，为一幢三层砖木水泥混合结构建筑物，占地面积约200平方米，每层六七个房间，内有一个大院。该房原为一位黄姓富户所有，全家人在战前逃离南京，该房于1937年12月被日军侵占。1939年初被用作慰安所，由一对日本夫妇经营。

南京下关惠安巷13号华月楼日军慰安所旧址
——侵华日军南京大屠杀遇难同胞纪念馆藏片

华月楼日军慰安所内的“慰安所规定”告示牌
——侵华日军南京大屠杀遇难同胞纪念馆藏片

兵站指定日军慰安所的规定

1. 每个兵站慰安所内的特殊妇女每隔5日必须接受宪兵分队兵站支部医官的检查。
2. 检查结果不合格者须到特殊治疗所接受诊治，未经许可严禁接客。
3. 每名“慰安妇”的检查结果均应有记录，全部检查结果应汇编成册，以便随时检阅。
4. 慰安所开放时间规定如左：
兵：上午10时至下午6时
官：上午10时至下午9时
5. 慰安所使用价格规定如左：
兵：一元（一次30分钟）（每次延长30分钟追加五十钱）
校：三元（一次1小时）（每延长1小时追加二元）
高等官：三元（一次1小时）
官：判任官以下：一日元五十钱（每次30分钟）（每延长30分钟再追加价钱）
6. 使用指定慰安所的人员必须付费，领取和使用避孕套，而且事后必须到洗涤室清洗。
7. 除军人和辅助军人外任何人不得进入特定慰安所。
8. 严禁携带酒类进入指定慰安所。
9. 严禁酗酒者入内。
10. 不得进入所认定购买号码以外的慰安室。
11. 不按规定使用避孕套者严禁与“慰安妇”接触。
12. 不遵守本规定及违反军纪者勒令退出。

昭和十四年三月六日（1939年3月6日）

证人证言：

当时曾在惠安巷16号开裁缝店的樊桂英（女，1923年生）老人介绍：“当时，来这里的日本人很多，白天晚上都有，全部是日本军人，在一进门的地方有一个客厅，客厅里有一个人负责售票，在周围的墙上挂满姑娘的照片，这里的姑娘都不叫名字，都称呼多少号，这里的女孩子一般都在20人以上，绝大多数是中国姑娘，以扬州人为主。这个慰安所的管理者是一对日本夫妇，丈夫是个商人，会讲中国话。在日本人投降后，他没有立即回日本，曾在南京下关木行里干过活，解放后才被遣送回去。”

——张连红、李广廉：《南京下关区侵华日军慰安所的调查报告》

二、南京日军“慰安妇”幸存者

日本当局采取强掳、胁迫、诱骗等手段，将大批妇女送至南京日军慰安所中充当“慰安妇”。日军“慰安妇”除了在南京的慰安所中遭受种种非人的摧残与折磨外，还有许多被日军当作“军需品”秘密押往中国与海外的其他战场，供那里的日军部队蹂躏。幸存下来的“慰安妇”大都境遇凄惨，伴有精神和肉体的双重创伤。

（一）南京日军“慰安妇”幸存者雷桂英

雷桂英（1928–2007），江苏省江宁县人。因家贫，13 岁的雷桂英流浪至南京汤山镇，入汤山高台坡山本慰安所为女佣，约一年后被逼成为日军“慰安妇”。期间，她多次反抗日军强暴，右腿被打伤致残，手、头、腿上一直留有伤疤。约半年后，她从日军慰安所逃出，但已丧失生育能力。2006 年 4 月，雷桂英在养子唐家国的鼓励下说出真相，是南京地区第一个勇敢站出来控诉日军罪恶的“慰安妇”制度的受害者。

南京日军“慰安妇”幸存者雷桂英

——侵华日军南京大屠杀遇难同胞纪念馆藏片

南京日军“慰安妇”幸存者雷桂英及其养子唐家国

——侵华日军南京大屠杀遇难同胞纪念馆藏片

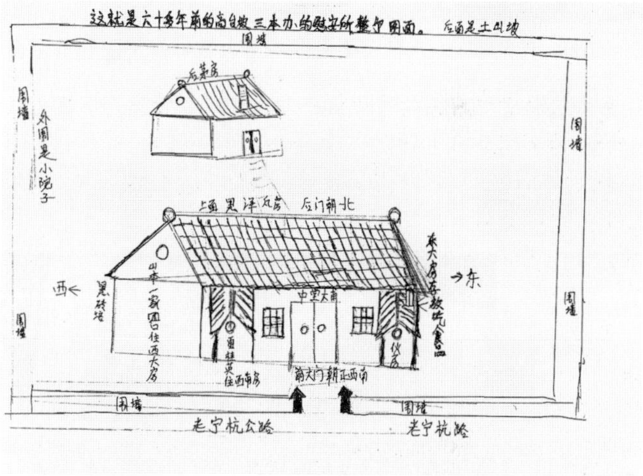

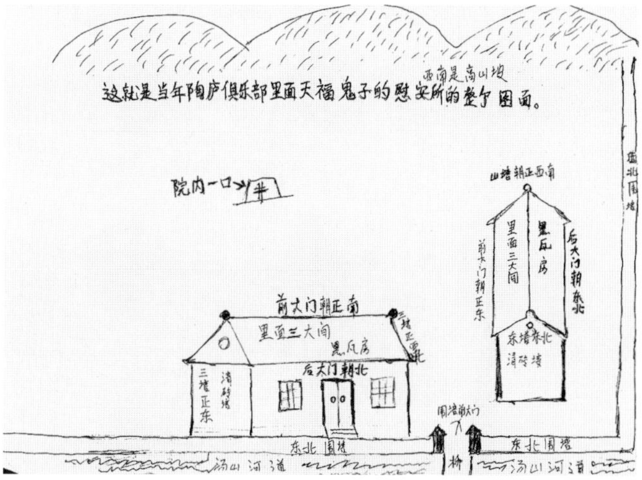

南京日军“慰安妇”雷桂英的养子唐家国，根据雷桂英老人的口述手绘南京汤山高台坡日军慰安所草图

——侵华日军南京大屠杀遇难同胞纪念馆藏片

2006 年 7 月底，雷桂英老人向加拿大教师访华团和苏智良教授讲述其受害经过

——苏智良 供图

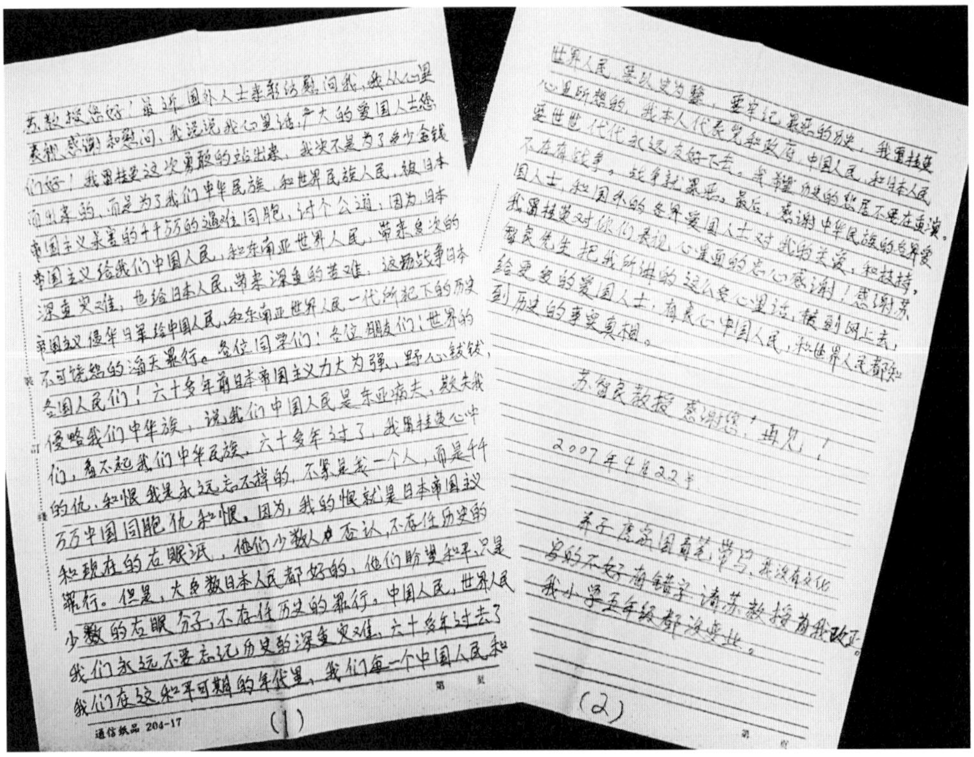

苏教授您好！最近国外人士来彩访慰问我，我从心里
表视、感谢和慰问，我说说我心里话，广大的爱国人士您
们好！我雷桂英这次勇敢的站出来，我决不是为了多少金钱
而出来的，而是为了我们中华民族，和世界民族人民，被日本
帝国主义杀害的千千万万的遇难同胞，讨个公道，因为日本
帝国主义给我们中国人民，和东南亚世界人民，带来息次的
深重灾难，也给日本人民，带来深重的苦难，这场战争日本
帝国主义侵华日军给中国人民，和东南亚世界人民一代所犯下的历史
不可饶恕的滔天罪行。各位同学们！各位朋友们：世界的
全国人民们！六十多年前日本帝国主义力大为强，野心勃勃，
侵略我们中华族，说我们中国人民是东亚病夫，欺夫我
们，看不起我们中华民族，六十多年过了，我雷桂英心中
的仇、和恨我是永远忘不掉的，不紧是我一个人，而是千
万万中国同胞仇和恨，因为，我的恨就是日本帝国主义
和现在的右眼派，他们少数人在否认，不存任历史的
罪行。但是，大多数日本人民都好的，他们盼望和平，只是
少数的右眼分子，不存任历史的罪行，中国人民，世界人民
我们永远不要忘记历史的深重灾难，六十多年过去了
我们在这和平可贵的年代里，我们每一个中国人民和

通信纸品 204-17

(1)

世界人民，要以史为鉴，要牢记罪恶的历史，我雷桂英
心里所想的，我本人代表党和政府，中国人民，和日本人民
要世世代代永远友好下去。希望历史的悲居不要在重演。
不存在战争，战争就罪恶，最后，感谢中华民族的各界爱
国人士，和国外的各界爱国人士对我的关爱，和技持，
我雷桂英对你们表视心里面的衷心感谢！感谢苏
智良先生把我所讲的这么多心里话，放到网上去，
给更多的爱国人士，有良心中国人民，和世界人民都知
到历史的事实真相。

苏智良教授 感谢您！再见！

2007年4月22日

并子度家回有笔常写，我没有文化
写的不好有错字 请苏教授帮我改正。
我小学五年级都没毕业。

(2)

雷桂英老人致上海师范大学人文与传播学院院长苏智良教授的遗信

——苏智良 供图

（二）在南京的韩国籍日军“慰安妇”易英兰

易英兰（1922–2007），生于韩国全罗南道。1941 年 2 月 2 日，她和从韩国来的五个女孩来到南京给日军当“慰安妇”，有两名日本士兵每天 24 小时轮流看管她们。她们 6 个女孩专为 100 多名军官白天洗衣服，晚上提供性服务。她们在南京一年后，跟随这支日本部队去中国其他地方，因当时日军部队在中国境内经常移动，她也记不清先后去过多少地方。战后，易英兰在中国湖北省武汉市安家。

曾在南京日军慰安所里遭受日军长达一年蹂躏的韩国籍日军“慰安妇”易英兰

——李晓方：《世纪呐喊——67 位幸存慰安妇实录》

易英兰（左二）在离别半个世纪后，终于和在韩国的亲人团聚

——李晓方：《世纪呐喊——67 位幸存慰安妇实录》

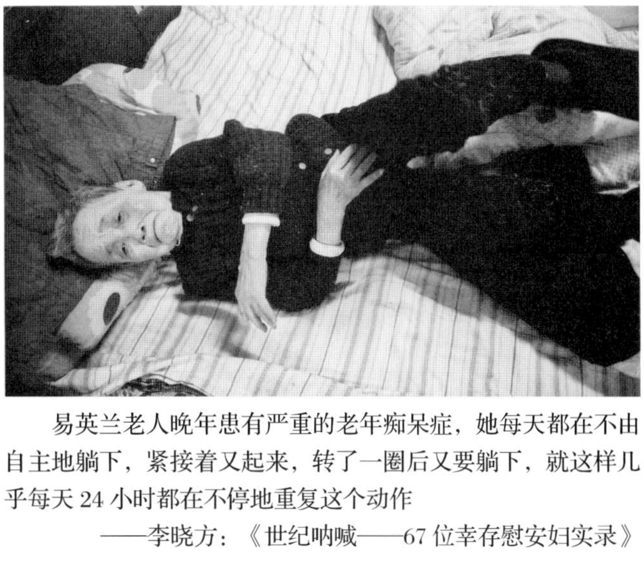

易英兰老人晚年患有严重的老年痴呆症，她每天都在不由自主地躺下，紧接着又起来，转了一圈后又要躺下，就这样几乎每天 24 小时都在不停地重复这个动作

——李晓方：《世纪呐喊——67 位幸存慰安妇实录》

（三）在南京的朝鲜籍日军“慰安妇”朴永心

朴永心（1921–2006），生于朝鲜平安南道南浦市。1939 年被日军以招工之名骗至中国南京，在利济巷 2 号日军东云慰安所作“慰安妇”，长达三年之久。此后，随着日军部队在中国境内辗转多地。1942 年，她被日军带至云南松山前线。1944 年，朴永心怀着身孕与另外 3 名朝鲜日军“慰安妇”逃出战壕时，被中国远征军解救出来，并由美国随军记者拍摄了著名的二战照片“怀孕的‘慰安妇’”。1945 年 9 月底，朴永心被遣返回国。2003 年 11 月，朴永心以年老抱病之身重返中国，实地查证当年受难之地——南京和腾冲松山，完成了她至死也要控诉日军罪行的心愿。

证人证言：

2003 年 11 月 21 日，朝鲜籍“慰安妇”幸存者朴永心来到利济巷 2 号慰安所旧址 19 号房间时说：“房间一进去，右边（凹下去）的地方就是一张床，日本兵按顺序进来后，就把我的衣服脱光，我根本没有办法反抗啊！如果抵抗了他们就打我！我当时整晚地睡不着，住在对面的中国妇女有时可怜我，给我一些吃的，有时还会给我一些酒和鸦片。很多次，我都是喝了酒再吃了鸦片才能睡着。”

——2003 年 11 月 22 日《现代快报》

朝鲜籍日军“慰安妇”幸存者朴永心

——苏智良 供图

1944 年 3 月，由中国远征军从拉孟日军慰安所救出的 4 名朝鲜“慰安妇”。站在战壕边痛苦地抚摸着肚子的孕妇（右一）就是朴永心，此时的胎儿已死于腹中

——（日）西野瑠美子：《从军慰安妇与十五年的战争》

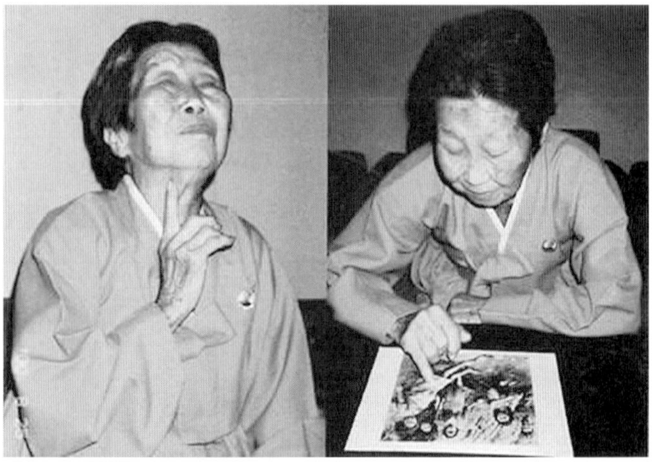

2000 年 8 月 25 日，朴永心老人在朝鲜家中指认当年战壕边孕妇“慰安妇”照片上的自己

——（日）西野瑠美子　供图

2003 年 11 月 19 日，朴永心老人来到侵华日军南京大屠杀遇难同胞纪念馆参观，朱成山馆长为其作讲解

——侵华日军南京大屠杀遇难同胞纪念馆藏片

2003 年 11 月 19 日，日军“慰安妇”幸存者朴永心与南京大屠杀期间日军性暴力受害者杨明贞（右）在侵华日军南京大屠杀遇难同胞纪念馆见面

——侵华日军南京大屠杀遇难同胞纪念馆藏片

2003 年 11 月 21 日，朴永心老人来到南京自己曾经度过三年非人生活的日军慰安所（现南京利济巷 2 号）时回忆说，她当年的日本名字叫“歌丸”。在日军慰安所门前，朴永心禁不住失声痛哭

——侵华日军南京大屠杀遇难同胞纪念馆藏片

2003 年 11 月 29 日，朝鲜籍日军“慰安妇”幸存者朴永心来到云南松山大垭口地区，指证当年受尽屈辱的日军慰安所遗址，不禁失声痛哭

——侵华日军南京大屠杀遇难同胞纪念馆藏片

2003 年，朴永心老人与当年日军投降后曾经救助过她的当地村民李正早（左）在腾冲松山重逢

——侵华日军南京大屠杀遇难同胞纪念馆藏片

朴永心因为死胎而摘除子宫，失去生育能力。图为朴永心老人与养子

——苏智良 供图

第四部分

遍布中国的日军慰安所
——中国“慰安妇”血泪记忆

中国是第二次世界大战中日本实施“慰安妇”制度最大的受害国。日军在中国设立的慰安所数量最多，时间最长，规模最大。日军慰安所遍布中国各地，从城市到农村，从沿海到内陆。根据中国学者研究，中国“慰安妇”受害者总数达20万人以上。相当数量的中国妇女在日军残暴的性虐待中死去，即使幸存下来，或肢体伤残，或不能生育，心理遭受严重的创伤，这段血泪记忆，成为“慰安妇”受害者们挥之不去的梦魇。

一、中国南方的日军慰安所

据不完全统计，日军在中国南方下列地区设有慰安所：上海，江苏的南京、扬州、常州、镇江、徐州，浙江的杭州、金华、舟山群岛，安徽的芜湖、安庆，湖北的汉口、汉阳、武昌，江西的九江、南昌，湖南的芷江、长沙，福建的福州、厦门，广东的广州、汕头，海南的海口、三亚等地，日军的慰安所几乎遍及中国大陆南方占领区。

（一）沪、苏的日军慰安所

上海的日军慰安所

上海是日本海军在中国建立慰安所的发源地，也是日军实施“慰安妇”制度最完善的城市之一。日军直接管理的、日侨和朝鲜侨民经营的，以及汉奸经营的各种慰安所充斥各处。据中国慰安妇问题研究中心的调查统计，上海是日军设立慰安所最多的城市，目前能确认的慰安所至少有166个。

“大一沙龙”日军慰安所旧址（今上海市东宝兴路125弄）
——苏智良 供图

上海"海乃家"慰安所日本籍老板与大批"慰安妇"合影

——苏智良 供图

两名日本军人与三名女子站在上海江湾日军慰安所门前

——(日)《一亿人的昭和史》

上海丰田厂慰安所的中国"慰安妇"

——(日)《荻岛静夫日记》

上海昆山路上的日军慰安所

——秦风:《你没见过的历史照片》

位于今上海市四川北路 1604 弄 52 号的川北邮社当年曾是日军慰安所

——苏智良 供图

江苏省的日军慰安所

江苏是日军实行“慰安妇”制度后最早大规模建立慰安所的省份。据资料记载，日军在南京、镇江、常州、无锡、苏州、扬州、南通、徐州等地设立了一大批慰安所。据不完全统计，日军仅在南京设立的慰安所达 40 个以上。

日军兵站在南京设立指定的慰安所

——李晓方：《世纪呐喊——67 位幸存慰安妇实录》

日军卫生伍长坂本多喜二拍摄的南京“兵站指定将校慰安所清富士楼”

——侵华日军南京大屠杀遇难同胞纪念馆藏片

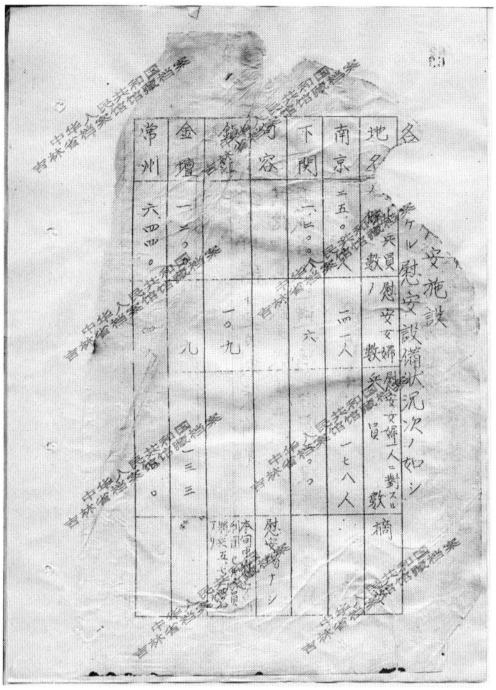
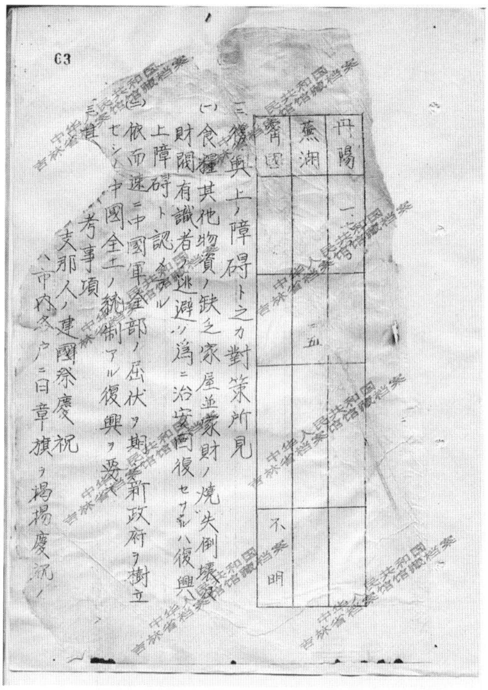

（档案图片）：1938 年 2 月 19 日，华中派遣宪兵队司令官大木繁《关于南京宪兵队辖区治安恢复状况的调查报告（通牒）》，汇总了 1938 年 2 月 1 日至 10 日南京及周边地区各市县军队“慰安设施”状况。其中南京有驻屯兵 25000 人，有“慰安妇”141 人，平均一个“慰安妇”应对的士兵数是 178 人

——吉林档案馆：《铁证如山》

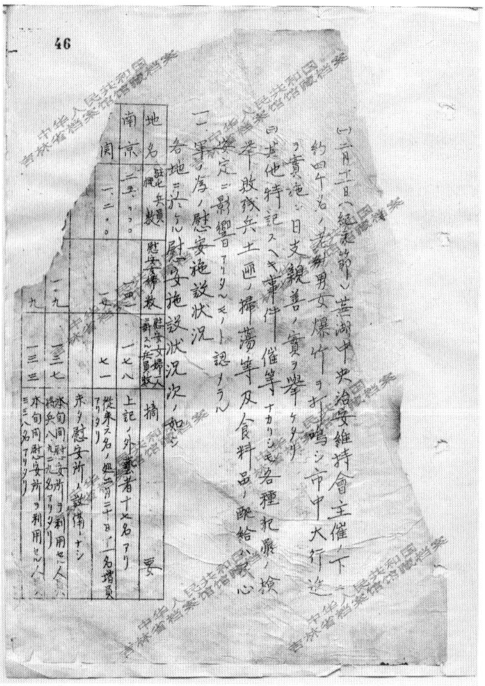
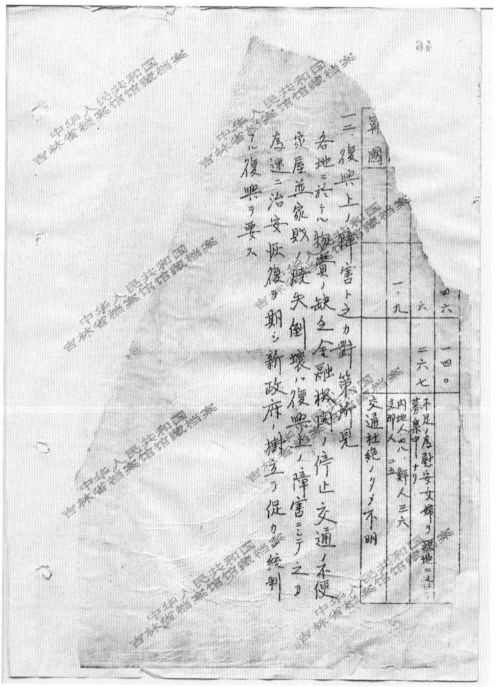

（档案图片）：1938 年 2 月 28 日，华中派遣宪兵队司令官大木繁《关于南京宪兵队辖区治安恢复状况的调查报告（通牒）》。芜湖“慰安妇”109 名，上旬增加了 84 名，其中中国“慰安妇”有 25 人，朝鲜“慰安妇”有 36 人，占芜湖“慰安妇”总数的二分之一还要多。2 月中旬镇江日军进入“慰安所”人数为 8929 名，比上旬的 5734 名增加了 3195 名

——吉林档案馆：《铁证如山》

日军在苏州设立的慰安所一览表

名称	地址
大东旅社	大马路
新苏台旅社	大马路
老苏台旅社	大马路
瀛洲旅社	石路口
中华旅社	上塘街
乐乡饭店	观前街
祥符旅社	祥符寺巷
第一旅社	鸭蛋桥浜
阊门饭店	阊门下塘
铁路旅社	丁家巷（时称“繁乃家”）

——苏智良、陈丽菲、姚霏：《侵华日军“慰安妇”问题研究》

日军在苏州慰安所旧址

——陈丽菲：《日军慰安妇制度批判》

镇江句容天王寺日军慰安所旧址

——费仲兴 供图

位于扬州新胜街的百年老店“绿杨旅社”，当年日军占领扬州后，强占这一旅社设为慰安所，40 多名中国女性曾经在此受到伤害。图为现在的绿杨旅社

日军在扬州设立的慰安所内部照片
——侵华日军南京大屠杀遇难同胞纪念馆藏片

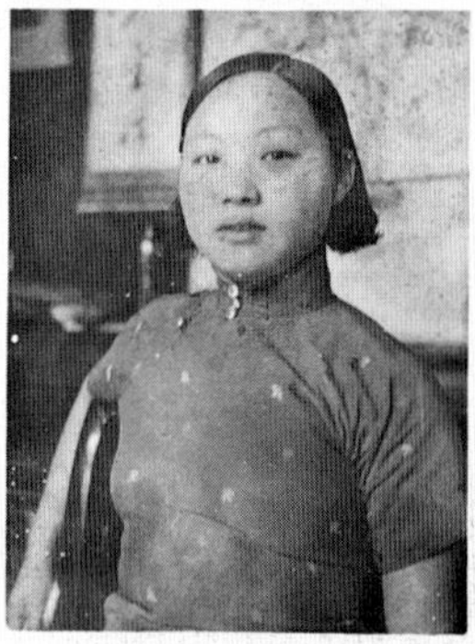

当年在扬州的两名日军“慰安妇”
——侵华日军南京大屠杀遇难同胞纪念馆藏片

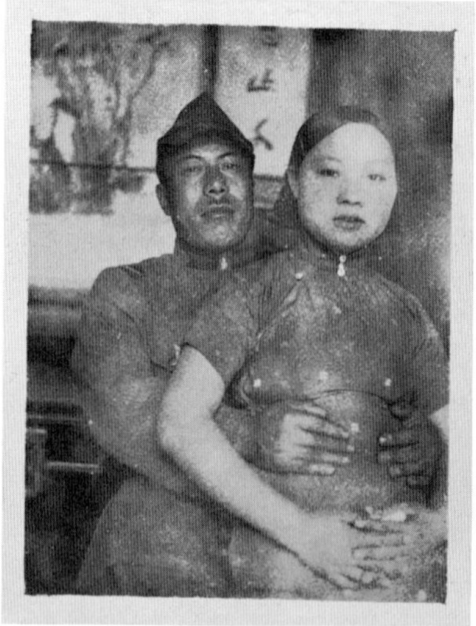

在扬州慰安所里，猥狎的日军与两名“慰安妇”分别合影
——侵华日军南京大屠杀遇难同胞纪念馆藏片

在扬州慰安所里，猥狎的日军与“慰安妇”的合影
——侵华日军南京大屠杀遇难同胞纪念馆藏片

秋子的故事

新婚才三个月的日本青年宫毅，被日本政府征兵派往中国。不久其妻秋子和家乡的姐妹参与了日本政府组织的“寻夫团”。该寻夫团的脚步一离开日本，就被强行改编成随军“慰安妇”。一天，在华的年轻士兵宫毅要慰安所提供一名军妓，他万万没想到，那名军妓正是其妻子秋子。在扬州绿杨旅社(当时的慰安所)见面的两人，感怀、哀叹、痛苦，因反对这场惨无人道的战争，二人双双自杀于绿杨旅社。

1942年1月31日至2月6日，根据秋子的故事创作的歌剧《秋子》在重庆国泰大戏院（今国泰大剧院）首演

2014年12月11日南京艺术学院演出的话剧《秋子》剧照

（二）浙、闽、赣的日军慰安所

浙江省的日军慰安所

1937 年 11 月，日军占领浙江杭州后，即开始设立慰安所。此外，还在湖州、富阳、嘉兴、定海、象山、金华和宁波等地设立了日军慰安所。

杭州市泗水新村日军慰安所旧址

——苏智良 供图

杭州市西子湖畔的湖边村，当年日军曾在此建立慰安所

——陈丽菲：《日军慰安妇制度批判》

1942 年 6 月，日军第六十二旅团侵入金华市后，立即设立了多处慰安所，如城内的雅堂街一条路上就有花月、菊水等 5 家。图为金华城内的日军慰安所旧址

——苏智良 供图

江山市的日军“慰安妇”幸存者姜双梅大娘，正在向美国学者约翰先生讲述自己当年的受害遭遇

——陈丽菲：《日军慰安妇制度批判》

福建省的日军慰安所

（资料）：1941 年 4 月 22 日，日军占领福建省福州市后，即在城内设立了许多慰安所。他们还在仓前山等地抓到很多当地妇女，然后集中于烟台山乐群楼的外侨俱乐部，作为（日军）“慰安妇”，供其随时糟蹋，大楼内不时传出被辱妇女的凄惨哭声。鼓楼区妙巷 37 号以及南街郎官巷的一家绸缎店也被日军强占为慰安所。

——李秉新等：《侵华日军暴行总录》

日本厦门总领事馆管辖内的“慰安妇”统计

年月	职业	厦门	职业	厦门
1941.7	“慰安妇”	2	艺酌妇	13
1941.8	“慰安妇”	2	艺酌妇	14
1941.12	“慰安妇”	1	艺酌妇	3
1942.3	“慰安妇”	2	艺酌妇	4
1942.4	“慰安妇”	3	艺酌妇	5
1942.9	“慰安妇”	2		

——（日）吉见义明：《从军慰安妇资料集》

江西省的日军慰安所

（资料）：1939 年 9 月 1 日，江西南昌有（日军）特种慰安所 11 家，其中日本“慰安妇”11 人，而朝鲜“特种妇人”（“慰安妇”）达 100 人。日军占领江西省九江市后，在该城设立慰安所 24 家，据 1938 年 11 月 1 日的统计，内有日本（籍）的“特种妇女”（“慰安妇”）107 人，朝鲜（籍）“慰安妇”143 人。

——（日）吉见义明：《从军慰安妇资料集》

（三）湘、鄂、皖的日军慰安所

湖南省的日军慰安所

日军占领湖南省后，在长沙、衡阳、岳阳、湘潭、株洲、华容等地遍设慰安所。

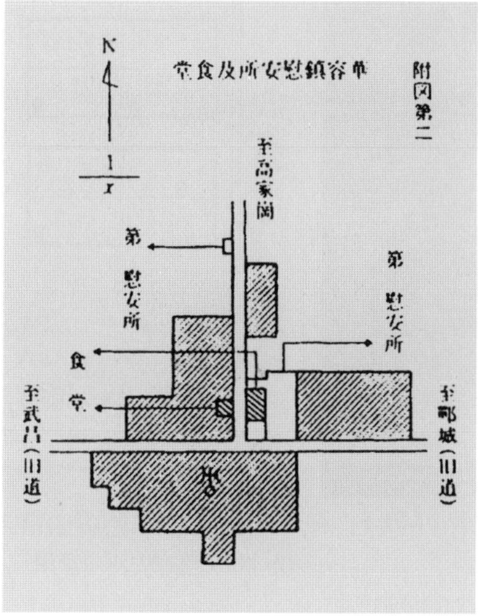

1939 年日军森川部队在湖南华容镇设立慰安所，图为华容镇慰安所及食堂位置图

——苏智良：《日军性奴隶——中国“慰安妇”真相》

湖北省的日军慰安所

1938年10月，日本华中方面军占领湖北武汉，11月，负责汉口和汉阳警戒的日军第二军，即实行“慰安妇”制度。日军第十一军在武汉设立的慰安所比第二军更多。据调查，武汉的日军慰安所在60个以上。

武汉和平馆日军第六慰安所（兵站司令部军医、大尉长泽健一摄于1942年秋）

——（日）长泽健一：《汉口慰安所》

1939年2月，日军将随军“慰安妇”们集中到联保里、生成里、六合里等处，设立日军慰安所，这里成为武汉著名的“军事红灯区”。图为联保里旧址

——苏智良 供图

汉口积庆里日军慰安所规模大，内有“慰安妇”约280名

——陈丽菲：《日军慰安妇制度批判》

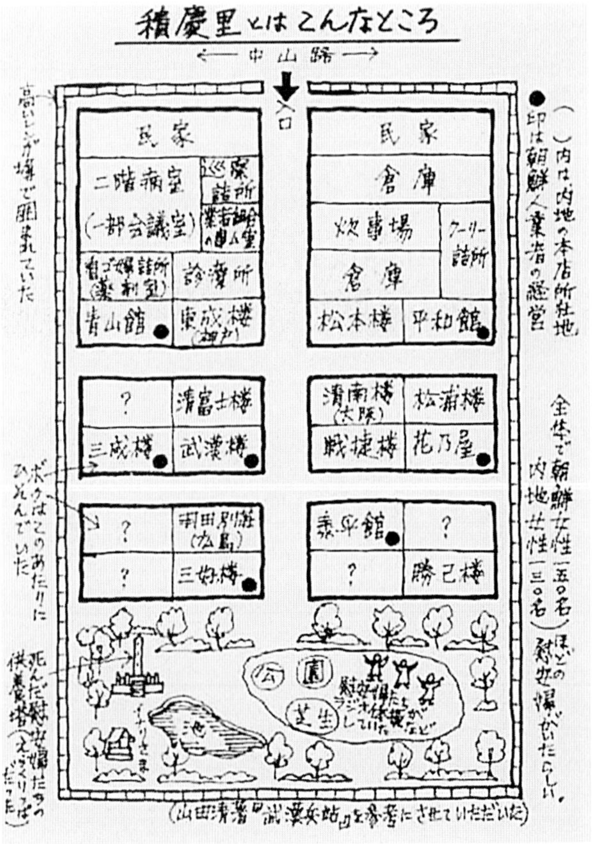

日军武汉兵站副官山田清吉在《武汉兵站》中记载的汉口积庆里慰安所示意图

——苏智良 供图

湖北省鄂州城隍庙（现存鄂州西门锻压机厂内），是当年日军慰安所所在地，日军“慰安妇”幸存者袁竹林当年即被关押于此处受难

——陈丽菲　供图

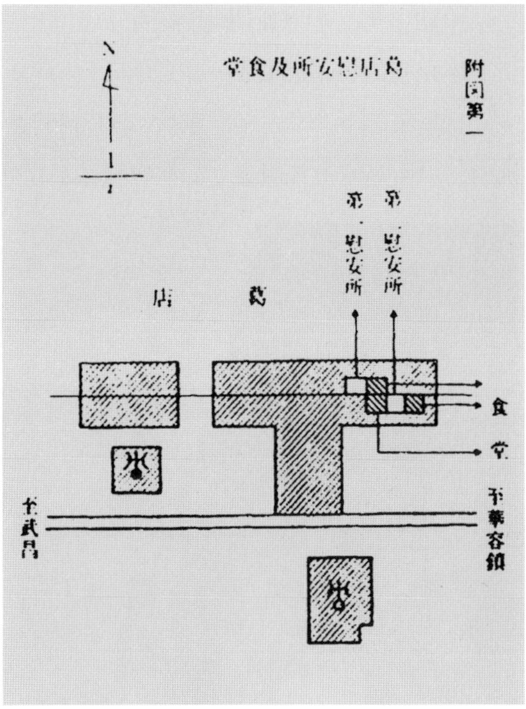

湖北葛店所驻的日军独立步兵第三联队设立了第一、二慰安所。图为葛店日军慰安所旧址及食堂位置图

——苏智良:《日军性奴隶——中国“慰安妇”真相》

安徽省的日军慰安所

1937 年底，日军占领安徽后，在当地建立了一批慰安所，使得日军在安徽的慰安所十分普遍。

在安徽芜湖的日本籍“慰安妇”（1938 年）

——（日）《一亿人的昭和史》

（四）粤、桂的日军慰安所

广东省的日军慰安所

日军第二十一军占领广东后，即开始营建慰安所。日军在广东设置的慰安所十分普遍，不仅在广州、佛山、中山等城市普遍建立，在农村驻军之处也有设置，而且在海岛上也建起了日军慰安所。

广州是华南日军慰安所最集中的城市，图为广州市内的日军慰安所街

——（日）西野瑠美子：《从军慰安妇与十五年战争》

今广州市新港西路 88-102 号，当年日军第十八师团兵站曾在此处设立规模颇大的慰安所

——苏智良 供图

据日军直部队野战重炮兵小田清回忆，在广东省佛山市也有 5 家日军慰安所，如“大门楼”慰安所内有 10 名中国“慰安妇”。图为佛山市身穿水兵服的日本“慰安妇”

——苏智良：《日军性奴隶——中国“慰安妇”真相》

广西的日军慰安所

1939 年 11 月，日军侵占广西南宁后，第二十二军司令部指使该军在广西各地设立了一批慰安所。

在华南钦州的“慰安妇”

——（日）《一亿人的昭和史》

广西荔浦县马岭镇德安村沙子岭屯，一个被当地人称为“五空头”的房子是日军慰安所旧址。日军“慰安妇”幸存者韦绍兰当年就在此遭受日军蹂躏

——《广西日报》2015 年 5 月 19 日

2010 年 3 月，日本小学教师松冈环走访广西荔浦县新坪镇广福村坡上屯的日军“慰安妇”幸存者何玉珍老人（左）

——李晓方 供图

（五）云、贵的日军慰安所

云南省的日军慰安所

1942 年日军第五十六师团侵入云南后，在拉孟（今松山）、腾越（今腾冲）、龙陵、芒市等地设立了大量慰安所。日军命令汉奸强拉云南当地汉族妇女，以及傣族等少数民族妇女等充当日军“慰安妇”。

云南省龙陵县腊勐乡大垭口日军慰安所，由第五十六师团第一一三联队于1942年5月至1944年9月期间开办。图为被炮火毁坏的大垭口日军慰安所

——蔡雯、李根志：《记忆的伤痕——日军慰安妇滇西大揭秘》

杨家云当年被日军征用在腊勐乡大垭口日军慰安所干杂活

——苏智良、陈丽菲：《追索——朝鲜“慰安妇”朴永心和她的姐妹们》

“松山战役主战场遗迹侵华日军慰安所遗址”碑

——侵华日军南京大屠杀遇难同胞纪念馆藏片

曾被当作日军慰安所的云南腾冲文庙启圣宫

——蔡雯、李根志：《记忆的伤痕——日军慰安妇滇西大揭秘》

1944年，日军在云南腾冲作战中溃退下来时，来不及一同撤走的部分日军“慰安妇”

——赖采儿等：《沉默的伤痕：日军慰安妇历史影像书》

云南腾冲的日军慰安所旧址

——侵华日军南京大屠杀遇难同胞纪念馆藏片

云南省芒市树包塔旁边的日军慰安所旧房

——蔡雯、李根志：《记忆的伤痕——日军慰安妇滇西大揭秘》

贵州省的日军慰安所

（资料）：1944年11月底，日军第三、十三师团侵入离贵阳130公里的八寨、独山一线，日本“慰安妇”也随军进入贵州。第十三师团进入独山境内后，在城郊，将几十名（当地）妇女关入一间大屋子，作为临时慰安所，供其奸淫。

——李秉新等：《侵华日军暴行总录》

（六）海南的日军慰安所

1939年2月，日军占领海南岛后，设置了60多个慰安所。1941年以后，凡日军驻扎的县城、市镇、乡墟几乎都有日军慰安所的踪迹。海南日军“慰安妇”数量颇多，每个慰安所的“慰安妇”少的有10人，一般为30多人，而规模大的有100多人。

日军侵占海南北黎后，强占相邻的两幢居民住宅设立慰安所

——苏智良 供图

海南省海口市的一处日军慰安所旧址
——李晓方：《世纪呐喊——67 位幸存慰安妇实录》

海南省三亚市崖城镇西庄村林姓民宅，日军曾在此设立崖泉庄慰安所
——陈丽菲　供图

海南省临高县新盈（今红民街）的日军慰安所旧址，日军征用之前是家旅馆
——赖采儿等：《沉默的伤痕：日军慰安妇历史影像书》

二、中国北方的日军慰安所

日军入侵中国北方后，随即在占领地开设了大量的慰安所，遍布北京、天津、山东、河南、山西、内蒙古、黑龙江等十余个省市。日军大肆掳掠当地妇女充当“慰安妇”，给中国妇女造成深重灾难。

（一）京、津的日军慰安所

北京的日军慰安所

1937 年 7 月 30 日，日军占领北平后，命令汉奸让关闭的妓院重新开放，日侨还设立了不少慰安所，以接待日军。大多数的“慰安妇”是被掳掠来的中国妇女。

北平日军慰安所门前的两名“慰安妇”和多名日军官兵
——侵华日军南京大屠杀遇难同胞纪念馆藏片

位于今北京市宣武门内大街新文化胡同的日军慰安所旧址
——苏智良　供图

天津的日军慰安所

天津是侵华日军在华北的重要基地，日军在天津的最高军事机关防卫司令部设有慰安所。由汉奸负责抢劫、绑架年轻妇女充当日军“慰安妇”。为了满足前线部队的要求，日军还征用中国妓女充当“慰安妇”。

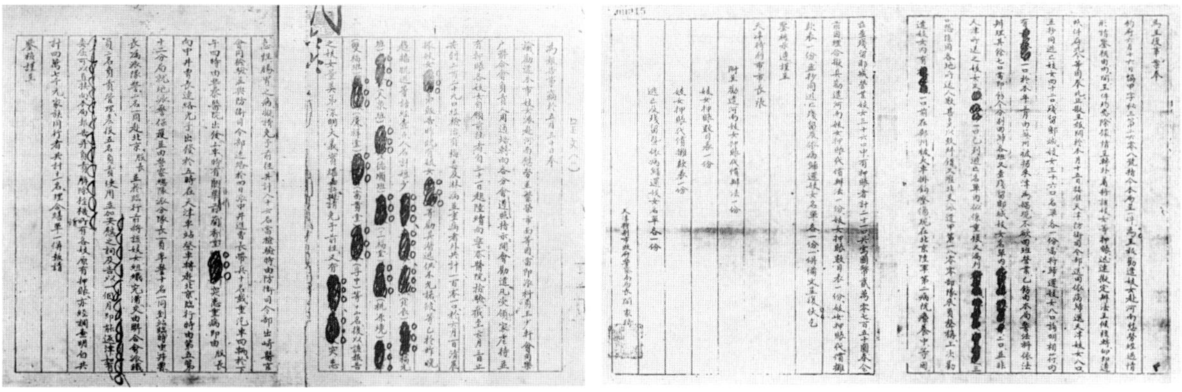

（档案图片）：1942 年天津市伪警察局致伪市长的呈文中涉及日军“慰安妇”（北京市档案馆藏）

——苏智良：《慰安妇研究》

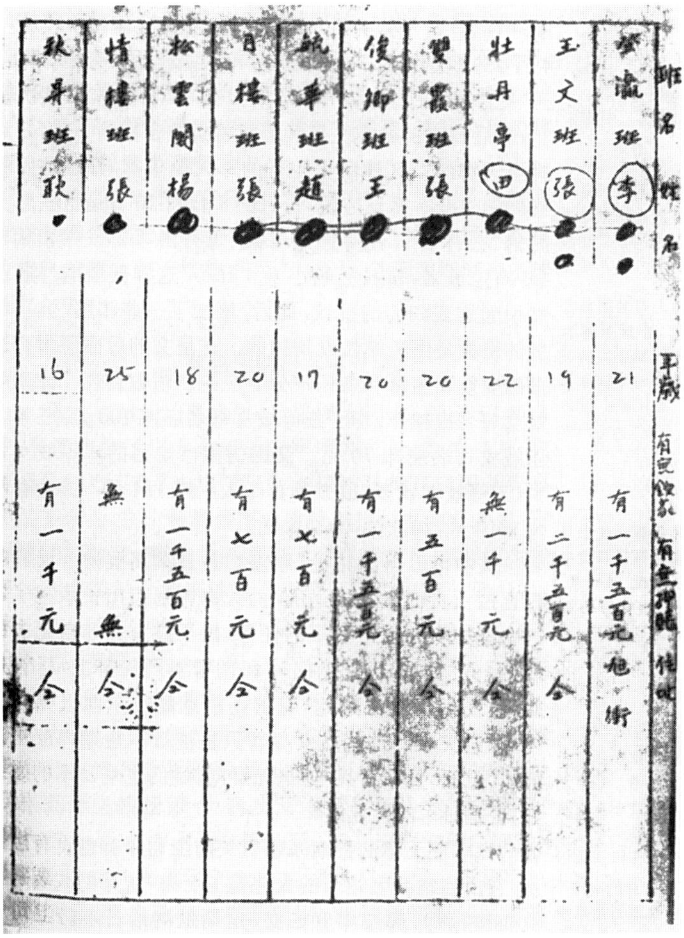

班名	姓名	年歲	有無飽款 有無押帳	住址
鶯瀛班	李[redacted]	21	有一千五百元	砲台街
玉文班	張[redacted]	19	有二千五百元	仝
牡丹亭	田[redacted]	22	無一千元	仝
豐豔班	張[redacted]	20	有五百元	仝
俊卿班	王[redacted]	20	有一千五百元	仝
航華班	趙[redacted]	17	有七百元	仝
月樓班	張[redacted]	20	有七百元	仝
松雲閣	楊[redacted]	18	有一千五百元	仝
情樓班	張[redacted]	25	無 無	仝
秋芳班	耿[redacted]	16	有一千元	仝

（档案图片）：1942 年被日军押送河南充当“慰安妇”的天津妓女名册（北京市档案馆藏）

——苏智良：《慰安妇研究》

（二）冀、鲁、豫的日军慰安所

河北省的日军慰安所

七七事变后，日军入侵河北，至1937年底，占领了河北全境，在当地遍设慰安所。除了平民被日军强征“慰安妇”外，在河北日军前线据点中，还关押着许多被俘中国女兵充当“慰安妇”。

石家庄的这个“爱国食堂”，实际上是个日军慰安所
——苏智良、陈丽菲：《追索——朝鲜“慰安妇”朴永心和她的姐妹们》

山东省的日军慰安所

日军侵占山东省的时间较长，范围较广，日军指使汉奸为其提供“慰安妇”，在日伪的“合作”下，所设之慰安所几乎遍及全省，如青岛、曲阜、淄州、高密、德州等地均设慰安所。

（资料）：山东青岛的慰安所有多少虽不得而知，其中日军第十六师团一部驻地附近就有3个慰安所，“慰安妇”计60人，其中朝鲜人40人，中国人和日本人各10人。每天慰安所前排着长队，以致每个士兵的“慰安”时间限定为5分钟。

——（日）水野靖夫：《与日军作战的日本兵》

河南省的日军慰安所

1937 年 11 月 5 日，日军攻陷安阳，侵入河南，次年又攻占新乡以南地区。日军在河南普遍设立了慰安所，纠合当地的汉奸，到处抓捕中国妇女充当“慰安妇”。

平汉线新乡日军管理的慰安所（1938 年 3 月）

——（日）《一亿人的昭和史》

从日军手中搜缴的被迫强作笑颜的日军“慰安妇”照片

——（日）伊藤孝司：《白飘带噙在嘴》

（三）晋、蒙的日军慰安所

山西省的日军慰安所

1937年秋，日军侵入山西后，开始在各地遍设慰安所。在日军指使下，各地的傀儡政权公开征集中国妇女充当“慰安妇”，大量当地妇女被抓进日军炮楼据点惨遭蹂躏。

山西省盂县风坡山日军炮台遗址
——陈庆港：《历史的深处：二战日军中国慰安妇影像实录》

坐落于山西省盂县进圭村的窑洞，曾是日军强奸中国妇女的场所，近邻各村的少女被日军强暴，遭受非人的摧残
——《中归连》第5号

山西省沁县日军南山炮楼边的临时慰安所遗址
——李晓方：《世纪呐喊——67位幸存慰安妇实录》

内蒙古的日军慰安所

（资料）：为了“慰劳”驻屯在草原上的士兵，日军自1940年起，先后在铁路沿线地区建立了若干个慰安所。这里几乎全部使用中国籍“慰安妇”，不少人是女战俘和被掳掠的当地妇女。其价格是朝鲜“慰安妇”2日元，中国“慰安妇”1.5日元。这里的慰安所的设施极其简陋，多是利用中国居民的土房子改建而成，又冷又湿。中国妇女被整天关在破屋子里，终日不见阳光，再加上营养不良，很多“慰安妇”患病死亡。

——苏智良：《慰安妇研究》

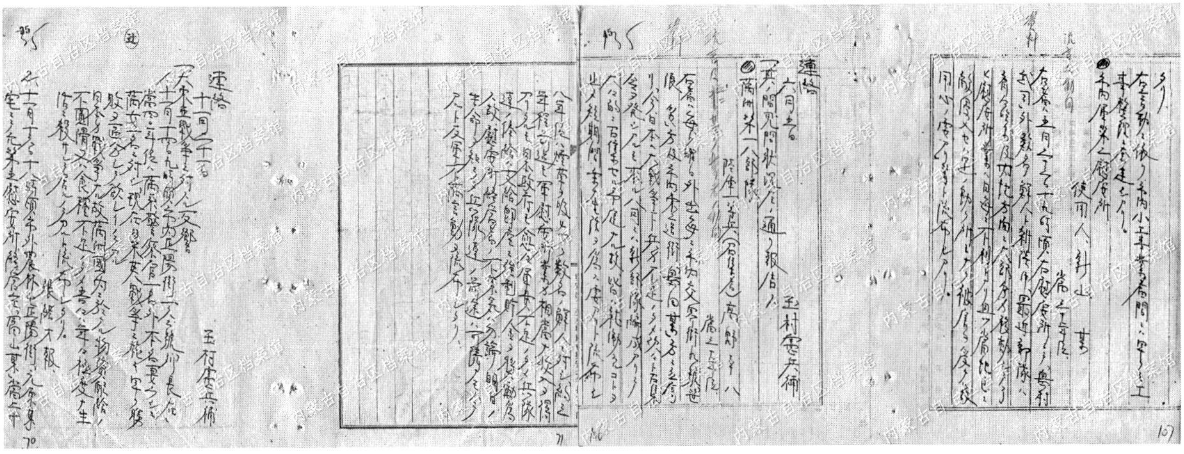

（档案图片）：日本关东宪兵队海拉尔分队玉村宪兵补搜集的情报：记载海拉尔市慰安所营业状况，因为军费不足，导致慰安所经营不善

——内蒙古自治区档案馆藏

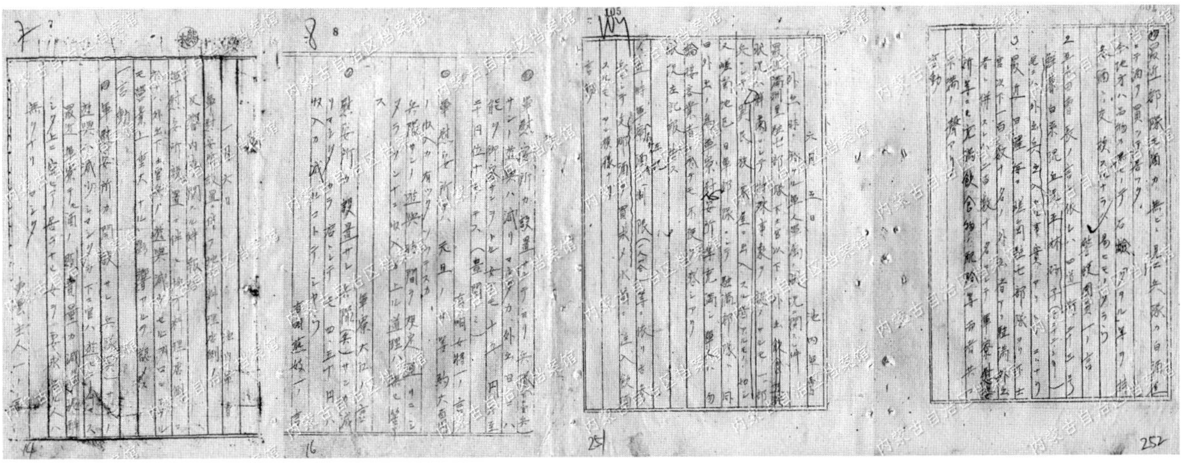

（档案图片）：池内兵曹搜集的情报：因为军慰安所的设置导致下士官兵去地方料理店的兴致减少；每周日日军驻嵯岗一百多人和驻满部队一起有二百几十人挤在军慰安所里

——内蒙古自治区档案馆藏

（四）黑、吉、辽的日军慰安所

从黑龙江到辽宁，日军在广袤的黑土地上设立了大量的慰安所。仅日军第十六师团就曾在长春、沈阳、旅顺、大连、满洲里、齐齐哈尔等地广设慰安所。

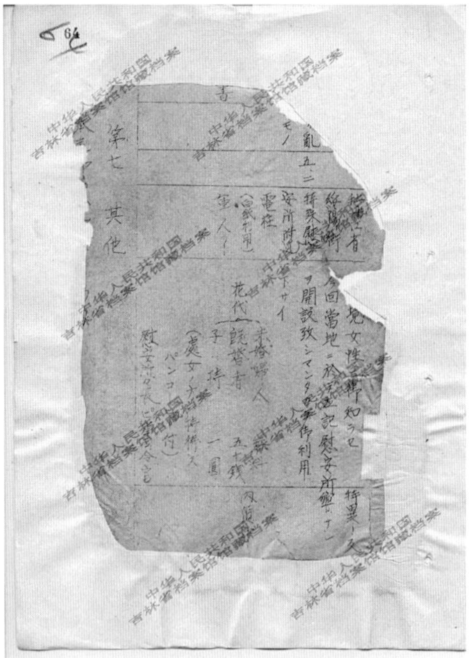

（档案图片）：黑龙江省鸡宁临时宪兵队编撰的《思想对策月报》，记载了在牡丹江省绥阳街军队特殊“慰安所”附近的电线杆上，张贴有用白纸书写的招募“慰安妇”广告

——吉林省档案馆：《铁证如山》

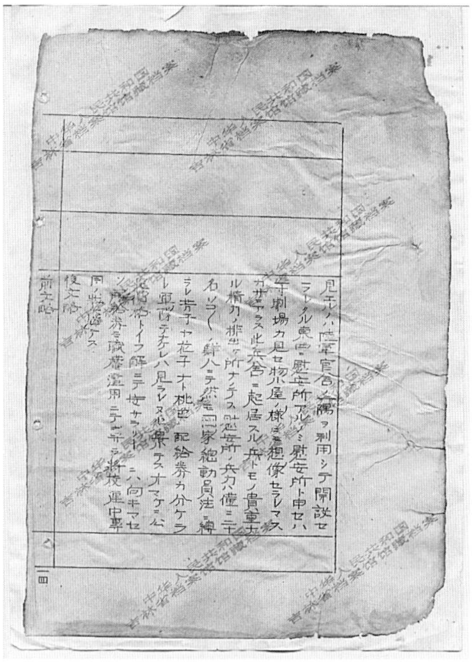

（档案图片）：1941 年，驻黑龙江省黑河的日本军人武田武二写给日本秋田市大町四村上英子雄的信件摘抄，记录了驻黑河的日本陆军军舍一角开设“慰安所”的情况。档案记载，军队慰安所是士兵消遣解闷的地方，20 名“慰安妇”全是朝鲜人

——吉林省档案馆：《铁证如山》

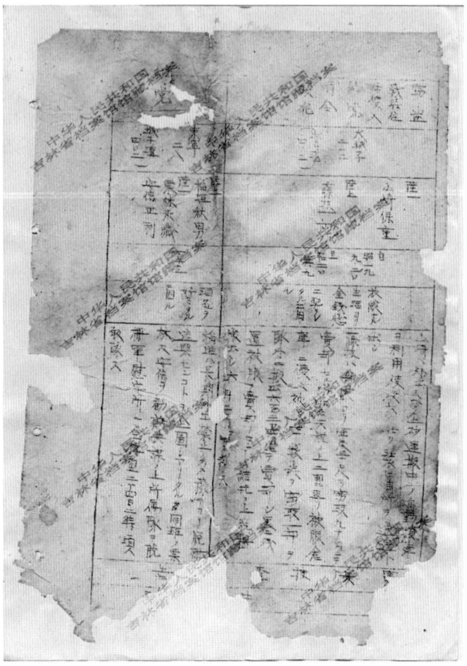

（档案图片）：《宪兵调查军人犯罪情况表》（1944 年 1 月），记载了日军驻黑龙江省东宁要塞二八部队和城子沟四〇二部队士兵稻垣秋男、栗林米藏和安信正利翻墙到军队“慰安所”寻欢，被通告处理。稻垣秋男等被通报处理，不是因为不许日军士兵去军队“慰安所”寻欢，而是因为他们没有遵守规定的时间

——吉林省档案馆：《铁证如山》

日军在黑龙江省孙吴县设立的“军人会馆”遗址，这里曾是日军高级军官的慰安所

——侵华日军南京大屠杀遇难同胞纪念馆藏片

黑龙江省东宁县的日军慰安所遗址

——（日）西野瑠美子：《从军慰安妇与十五年战争》

黑龙江省哈尔滨市的南勋街，曾是日占时期的“花街”，建有众多日军慰安所

——苏智良 供图

黑龙江省黑河市老黑山残存的日军慰安所建筑

——苏智良：《慰安妇研究》

辽宁的日军慰安所主要设在沈阳、大连、旅顺、辽阳、海城、营口等地。图为日军在大连的慰安所旧址

——陈丽菲:《日军慰安妇制度批判》

大连市的武昌街、一面街一带，日占时期称“逢坂町”，这里的15幢旧别墅曾被作为日军慰安所

——苏智良 供图

三、中国其他地区的日军慰安所

1941年12月太平洋战争爆发后，随着日军占领区域的扩大，慰安所的设置范围也从中国大陆扩大到了香港等地。这一时期的日军“慰安妇”，主要是从中国、朝鲜、日本强征来的性奴隶。

（一）台湾的日军慰安所

台湾各地慰安所数量众多，在台北、基隆、嘉义、台南、高雄等地多有设立。据学者研究，台湾“慰安妇”人数至少在2000人以上。

台澎群岛日军慰安所分布图

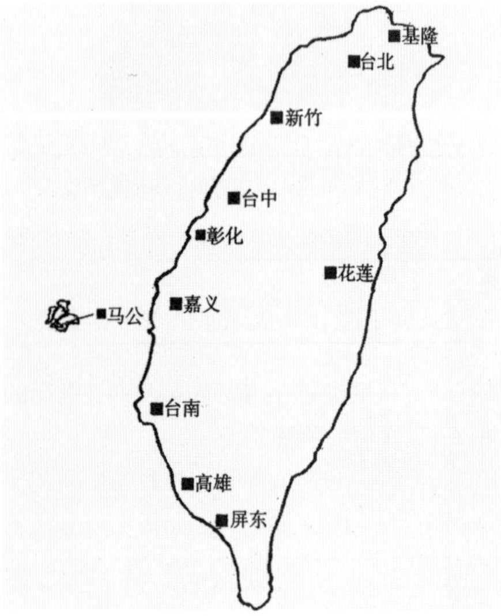

——朱德兰 绘

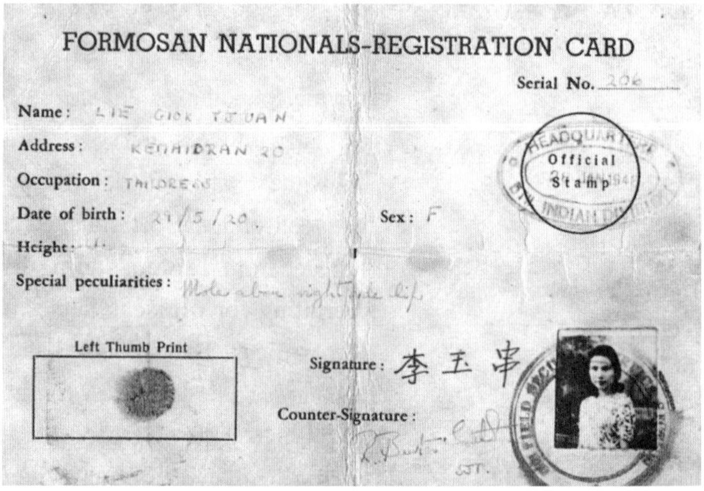

FORMOSAN NATIONALS-REGISTRATION CARD

Serial No. 206

Name: LIE GIOK TJUAN

Address: KEMAIDRAN 20

Occupation:

Date of birth: 21/5/20

Sex: F

Height:

Special peculiarities:

Left Thumb Print

Signature: 李玉串

Counter-Signature:

Official Stamp

1943年李玉串从台湾被骗到海外沦为日军“慰安妇”的通行证明文件

——赖采儿等：《沉默的伤痕：日军慰安妇历史影像书》

軍人慰安所建設

嘉義有志が市と協力し

1939 年 9 月，台湾嘉义市政府提出建设日军慰安所的计划。图为兴建军人慰安所新闻（《台湾日日新报》1939 年 9 月 16 日）

——朱德兰：《台湾慰安妇》

基隆に陸海軍人の娯樂慰安所を建設

浴室、理髪室などを設備

1940 年 7 月，台湾基隆市政府为适应日本军方需要，计划兴建军人会馆（军人慰安所），作为陆海军下士官的娱乐场所。图为基隆兴建陆海军娱乐慰安所新闻（《台湾日日新报》1940 年 7 月 27 日）

——朱德兰：《台湾慰安妇》

此山洞位于台湾花莲县秀林乡，是当年原住民阿嬷被迫向日军提供“性服务”的地点，年仅十三岁的芳美就是在这个山洞里遭日军强暴

——赖采儿等：《沉默的伤痕：日军慰安妇历史影像书》

（二）香港的日军慰安所

太平洋战争爆发后，日军占领了香港。1942 年 2 月 20 日，日军成立香港总督部，由中将矶谷廉介、平野茂分任正副总督。为了满足日军官兵的兽欲，总督部下令设立慰安所，由平野茂直接筹划。据资料记载，日军首先选择在海旁街的湾仔圈定一块长 800 米的地方，建立了一个拥有数百个房间的特大型慰安所，还在九龙旺角弥敦道原伦智中学等地设立慰安所。

位于香港菲林明道与骆克道交界处的湾仔大型日军慰安所旧址

——苏智良 供图

香港岛上的圣约翰教堂也曾作为日军的慰安所使用

——苏智良 供图

四、中国各地的日军“慰安妇”幸存者

根据中国学者的调查和研究，中国“慰安妇”人数在 20 万以上，多是被日军掳掠或欺骗至慰安所，年龄跨度从十几岁到四十多岁。相当数量的中国妇女在日军残暴的性虐待中死去，即使幸存下来，身心也遭受了严重的创伤。

（一）中国大陆的日军“慰安妇”幸存者

在中国大陆，已经发现数百名“慰安妇”幸存者，她们分布在黑龙江、吉林、辽宁、山西、安徽、湖北、云南、湖南、广西、江苏、浙江、上海和海南等省市。战时日军的蹂躏、摧残，使她们或肢体伤残，或不能生育，精神遭受创伤，一直生活在痛苦之中。据中国学者不完全统计，截至 2015 年底，全国在世的日军“慰安妇”幸存者仅剩 20 人左右。

目前在中国的部分在世日军“慰安妇”幸存者名单（截至2015年底）

姓名	地域	出生年代
郝月莲	山西	1928年
郝菊香	山西	1922年
李爱莲	山西	1928年
任兰娥	山西	1931年
赵兰英	山西	1923年
刘改莲	山西	1923年
刘凤孩	山西	1924年
曹黑毛	山西	1922年
陈莲村	海南	1926年
陈亚扁	海南（黎族）	1927年
林爱兰	海南	1925年
黄有良	海南（黎族）	1927年
符美菊	海南	1925年
李美金	海南	1926年
王志凤	海南	1925年
韦绍兰	广西（瑶族）	1921年
毛银梅（韩国籍）	湖北	1923年
李凤云（韩国籍）	黑龙江	1921年

（注：另有1人不愿具名）

——苏智良 提供

中国日军性奴隶幸存者战后身心受伤害状况调查表

身体伤害	四肢受到伤害
	反应迟钝、麻木
	有过度的警戒心
	过早丧失劳动力
	严重的子宫炎、膀胱炎等妇科病
	难以怀孕和生育
	患有性病
	发汗、心悸、尿频、血压高、头痛病等
心理伤害	经常浮现在慰安所中的场景而不能自已
	反复做遭日军蹂躏的噩梦
	害怕再次被日军抓为性奴隶，有严重的恐怖感
	恐惧会被外人知晓自己的“慰安妇”经历
	有被孤立和歧视的感觉，远离人群，有自闭症
	因这一经历而对人生采取消极态度，感到没有未来和希望
	厌恶正常的性生活，甚至厌恶男性
	对结婚没有兴趣

——苏智良：《日军性奴隶——中国“慰安妇”真相》

67 位幸存的日军“慰安妇”群像

——李晓方：《世纪呐喊——67 位幸存慰安妇实录》

42 名中国日军“慰安妇”幸存者签名剪辑

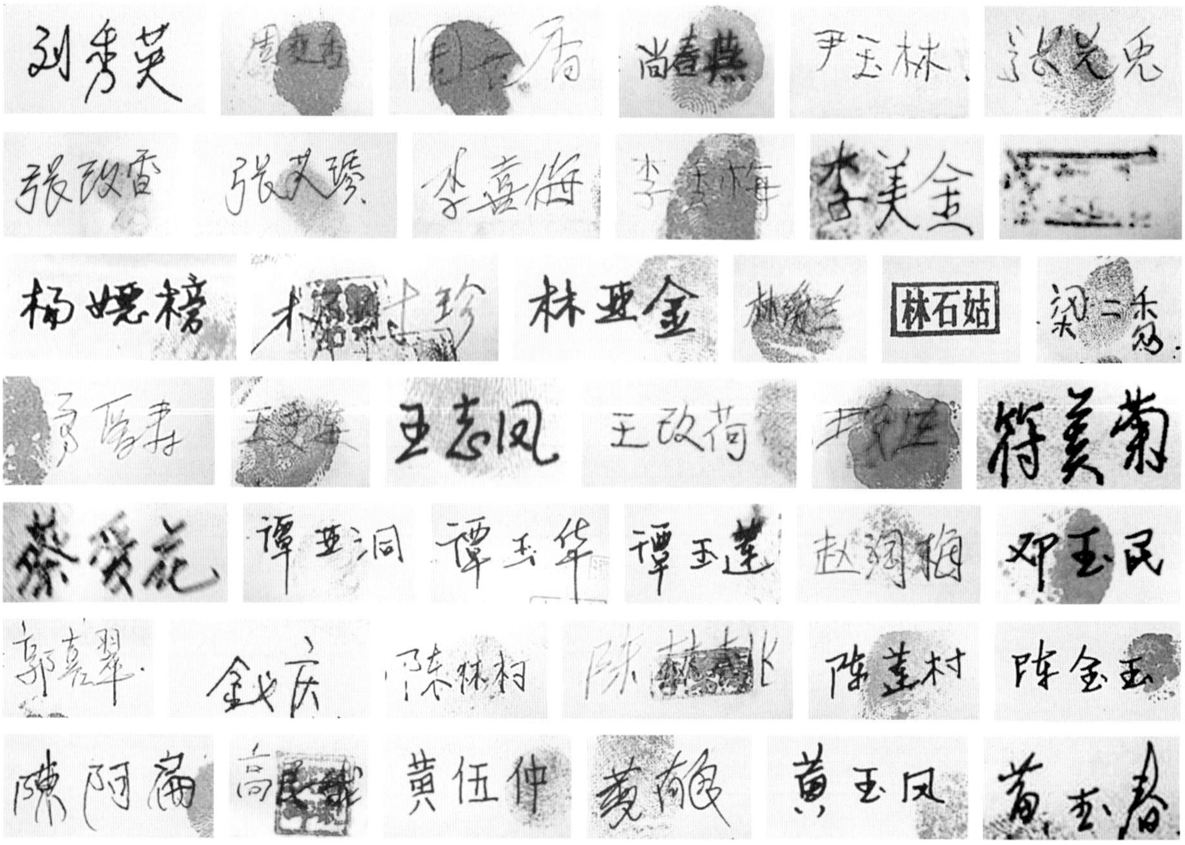

——苏智良 提供

周粉英（1916–2008）

1916年生于江苏如皋白蒲镇杨家园村。1938年春，日军侵占白蒲镇，她和小姑母躲在邻居家磨盘下面，后被日军找到，把她们拉到镇上日本军营里的“慰安所”。一同被抓进去的还有其他村的20多个姑娘，她们被关在简易的木屋内，成了固定的“慰安妇”。日军给她们编上号，周粉英是“1号”。她们每天都要遭受日军多次的奸淫，一旦有人不顺从，就会遭到毒打。在慰安所里，经常听到姐妹们凄惨的哭泣声，她的眼睛也因一次次哭肿而视力衰退，后来失明。据她回忆，先后共有48个姑娘被抓进这个慰安所。两个月后，周粉英从慰安所被赎出。2008年7月6日，周粉英老人在家中病逝，终年92岁。

江苏如皋日军“慰安妇”幸存者周粉英
——侵华日军南京大屠杀遇难同胞纪念馆藏片

周粉英当年躲避日军抓捕的磨盘
——侵华日军南京大屠杀遇难同胞纪念馆藏片

白蒲镇史家巷1号中兴旅馆慰安所旧址，系周粉英当年作为“慰安妇”惨遭日军蹂躏的地方

2007年5月11日，侵华日军南京大屠杀遇难同胞纪念馆馆长朱成山一行前往如皋采访并慰问周粉英老人

——侵华日军南京大屠杀遇难同胞纪念馆藏片

李连春（1924–2004）

云南省龙陵人。1942 年 5 月，日军入侵滇西，李连春被日军抓到腊勐慰安所充当“慰安妇”。在慰安所里，她身心饱受创伤，曾多次想逃跑，都因日军岗哨看管森严而未成功。直到 1943 年冬天的一个夜晚，在放牛的远亲帮助下，她换上牛倌的衣服才逃出虎口。

云南日军“慰安妇”幸存者李连春

——苏智良 供图

李连春逃出慰安所后，颠沛流离，不得不躲入深山达半年之久。图为李连春当年避难的山洞

——苏智良 供图

云南保山大山深处的李连春老人的家

——苏智良 供图

万爱花（1929–2013）

内蒙古河林格尔人。1937 年，万爱花被人贩子卖到山西盂县。1943 年春，日军侵入山西，时年 15 岁的万爱花，作为共产党员、妇救会主任不幸被捕，遭到残酷的性虐待。她屡次逃出，又屡次被日军抓住，关在窑洞中成为日军性奴隶。1944 年初，逃出魔窟后奄奄一息的她，被乡亲所救。然而，由于受日军残酷迫害，万爱花的身体多处创伤，失去生育能力。1992 年，万爱花赴日本参加“战争受害女性国际听证会”，成为中国大陆第一个站出来在全世界面前揭露并状告日军性奴隶制度暴行的中国受害女性。2013 年 9 月 4 日去世，终年 84 岁。

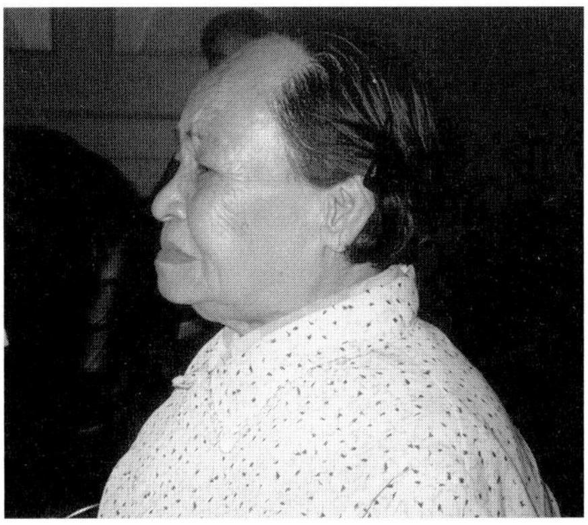

山西日军“慰安妇”幸存者万爱花
——苏智良 供图

刘面换（1927–2012）

山西省盂县西潘乡羊泉村人。1943 年 4 月，同本村的冯壮香、刘二荷一起被日军抓进进圭据点，惨遭蹂躏，后被家人赎回治病，病愈后，因害怕再次被抓而躲到山里，直到日军撤退后才返乡。

在山西省盂县进圭村，日军“慰安妇”幸存者刘面换指着窑洞讲述当年被日军囚禁强暴的往事
——（日）笠原十九司 供图

刘面换讲述，当年日军就是从这里冲进屋里
——陈庆港：《历史的深处：二战日军中国慰安妇影像实录》

1996 年 7 月，刘面换（右）向日本东京地方法院控告日本政府，要求其谢罪和赔偿
——苏智良：《日军性奴隶——中国“慰安妇”真相》

袁竹林（1922–2006）

湖北省武汉市人。18 岁时，袁竹林被骗至鄂州一慰安所，成为日军性奴隶。其间，她逃跑未遂，惨遭毒打，失去生育能力。袁竹林是较早向世人公开其受害经历并要求日本政府道歉、赔偿的受害者。

年轻时的袁竹林长得圆润而清秀

——苏智良 供图

日军“慰安妇”幸存者袁竹林老人在曾经受难的鄂州日军慰安所旧址前留影

——苏智良 供图

2000 年 12 月，在“东京女性国际战犯法庭”上，袁竹林（挥拳者）和南京大屠杀幸存者杨明贞（左一）同台控诉日军的暴行

——苏智良 供图

刘慈珍

1928 年生，湖南省湘潭市人。1942 年冬，被日军掳掠成为性奴隶，后随日军辗转多地。1944 年夏，被中国军队解救。

日军“慰安妇”幸存者刘慈珍

——陈庆港：《历史的深处：二战日军中国慰安妇影像实录》

林亚金

黎族，海南省保亭县南林乡罗葵什号村人。1943 年 10 月，她和姐妹们在稻田里被日军抓走，押到什漏村，关在一个小茅草房里，第二天就被 3 个日本兵轮奸，在什漏村 10 天里，有 9 天都被日军强暴。10 天后又被带到南林村日军据点，关在一间小铁皮房里，继续充当“慰安妇”，一个月后林亚金病倒，才得以回家。之后，又多次被日军轮奸。

海南日军“慰安妇”幸存者林亚金

——黄一鸣：《海南“慰安妇”》

蔡爱花

1926 年生，海南省澄迈县中兴镇人。15 岁起被迫成为日军“慰安妇”，后逃出，一直藏身于深山中，直至日军投降。

日军“慰安妇”幸存者蔡爱花

——陈庆港：《历史的深处：二战日军中国慰安妇影像实录》

多年来，蔡爱花一直卧病在床

——陈庆港：《历史的深处：二战日军中国慰安妇影像实录》

韦绍兰

1924 年生。1944 年冬，日军侵占广西荔浦县，韦绍兰背着不满周岁的孩子在逃跑途中，被日军抓去充当“慰安妇”。在慰安所被日军蹂躏期间怀孕，逃出慰安所后生下了一个孩子。她给这个孩子取名罗善学。可外人对这个“日本仔”一直另眼相看，同龄玩伴都不愿跟他玩，直到现在，70 岁的罗善学还是独身一人没有成家，与母亲相依为命。

广西日军“慰安妇”幸存者韦绍兰

2010 年 3 月，日本小学教师松冈环（中）采访广西日军“慰安妇”幸存者韦绍兰（左）及其子罗善学（右）

以广西日军“慰安妇”幸存者韦绍兰和儿子罗善学的生活为原型拍摄的纪录片《三十二》，导演郭柯，2014 年 3 月上映

陈桂英

1922 年生，上海闸北人。1940 年，从上海被招工到黑龙江，后被押送到东宁县“乔燕堂”日军慰安所，被迫成为日军性奴隶。她说：“那时真是很苦的，一个人最好的时光就这样被消耗掉了。我的命苦啊！”

年轻时的陈桂英
——陈丽菲：《日军慰安妇制度批判》

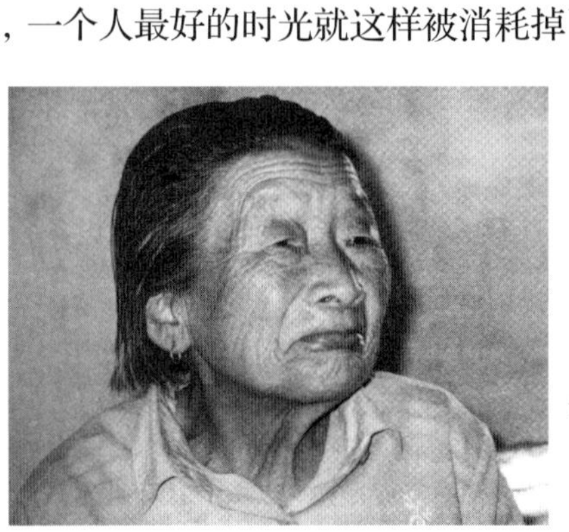

日军“慰安妇”幸存者陈桂英
——陈丽菲：《日军慰安妇制度批判》

（二）台湾、香港的日军“慰安妇”幸存者

据学者研究，台湾至少有 2000 名以上妇女被迫充当“慰安妇”。自 1992 年台北市妇女救援基金会设立申诉专线以来，经过调查确认的台湾“慰安妇”幸存者共计 58 人。至 2011 年，只有 11 名幸存者仍健在。台湾、香港“慰安妇”们身心受到的创伤长期存在，并影响了她们的一生。

部分台湾日军“慰安妇”幸存者群像

——赖采儿等：《沉默的伤痕：日军慰安妇历史影像书》

沈中阿嬷（1927–2013）

生于台湾花莲，太鲁阁族人。1944 年 12 月，以到营区作女佣为名，被日本警察骗至村庄附近的日军营地充当“慰安妇”，白天的工作是当女佣，晚上的工作是被迫提供“性服务”，期间怀孕三次、流产三次。

“慰安妇”幸存者沈中阿嬷
——朱德兰：《台湾慰安妇》

沈中阿嬷回到当年日军“慰安所”营舍门前，诉说当年的惨痛遭遇
——赖采儿等：《沉默的伤痕：日军慰安妇历史影像书》

证人证言：

我这辈子结过四次婚，因为过去的阴影，都是破碎的结局，到现在只剩我一个人和缠绕我半个世纪挥之不去的梦魇。我常想，从成为“慰安妇”那一天起，我的生命似乎就已经结束了。

——赖采儿等：《沉默的伤痕：日军慰安妇历史影像书》

满妹阿嬷（1926–2011）

1926年9月生于台湾中坜，3岁时因家中贫困被父母送给亲戚当养女。1943年，被骗到海南岛充当日军“慰安妇”，后怀孕回台，生下一子（不久夭折）。

年轻时的满妹艺术照
——朱德兰：《台湾慰安妇》

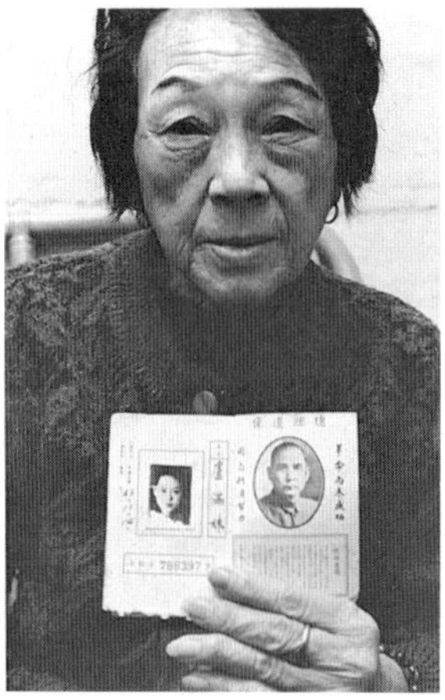

日军“慰安妇”幸存者满妹阿嬷
——赖采儿等：《沉默的伤痕：日军慰安妇历史影像书》

芳美阿嬷

1931年9月生于台湾台中州能高郡，太鲁阁族人。1945年，以做女佣为名被骗到台湾花莲日军营地充当“慰安妇”，每日忍耐身心煎熬的痛苦，后怀孕流产。

日军“慰安妇”幸存者芳美阿嬷藉由祷告来抚平心中曾受过的伤痛
——赖采儿等：《沉默的伤痕：日军慰安妇历史影像书》

1999年8月，9位台籍“慰安妇”阿嬷向日本东京地方法院提起诉讼，要求日本政府谢罪赔偿，该诉讼于2002年败诉。图为芳美阿嬷
——台北市妇女救援基金会探访记录、夏珍：《铁盒里的青春——台籍慰安妇的故事》

香港“慰安妇”幸存者阿月的故事

香港沦陷后，阿月父母和四个弟、妹命丧日军铁蹄之下，后其被舅父卖给日军做“慰安妇”。一直以来她都想忘记当“慰安妇”那段“羞家”（因个人行为使家族蒙羞）的日子，遂编造了一个当女佣的故事，朋友和街坊也不知道她的那段惨痛的经历。她回忆说：“慰安所、设备简陋，房间只用木板搭成，‘慰安妇’做和住，都是在那个不见天日的鬼地方；留在那里待到香港重光，每天的‘慰安’次数，由三次至二十多次，曾有过一天五十多次。”

——蔡少玲：《阿月苦难烙印无法磨灭》，刊于1992年7月12日《星岛晚报》

第五部分

伤痛记忆与控诉

——朝鲜半岛的日军“慰安妇”

1910 年 8 月 22 日，日本逼迫大韩帝国签订《日韩合并条约》，朝鲜半岛正式沦为日本的殖民地。1937 年 7 月 7 日，日本全面侵华战争爆发，日本利用战时体制，实行“朝鲜民族衰亡策”，其中之一就是大量迫使朝鲜半岛未婚女子到日军中从事“特殊任务”，即充当“慰安妇”。成千上万的年轻朝鲜女性，被欺骗或胁迫，送到中国大陆、东南亚、冲绳等地日军慰安所，沦为性奴隶，受到了惨痛的伤害。据韩国学者研究统计，战时朝鲜半岛妇女被迫充当“慰安妇”的总人数在 14 万到 20 万之间。

一、朝鲜半岛的日军“慰安妇”

1904 年日俄战争爆发后，日本强迫朝鲜政府签订第一次韩日协约。1905 年，强迫签订第二次《朝日协约》（乙巳条约），1910 年 8 月 22 日，签订《日韩合并条约》，朝鲜半岛正式沦为日本的殖民地。在上述殖民地背景下，从日本全面侵华战争开始，成千上万的朝鲜半岛年轻女性，被以欺骗或胁迫等方式送到日军慰安所，沦为日军的性奴隶。

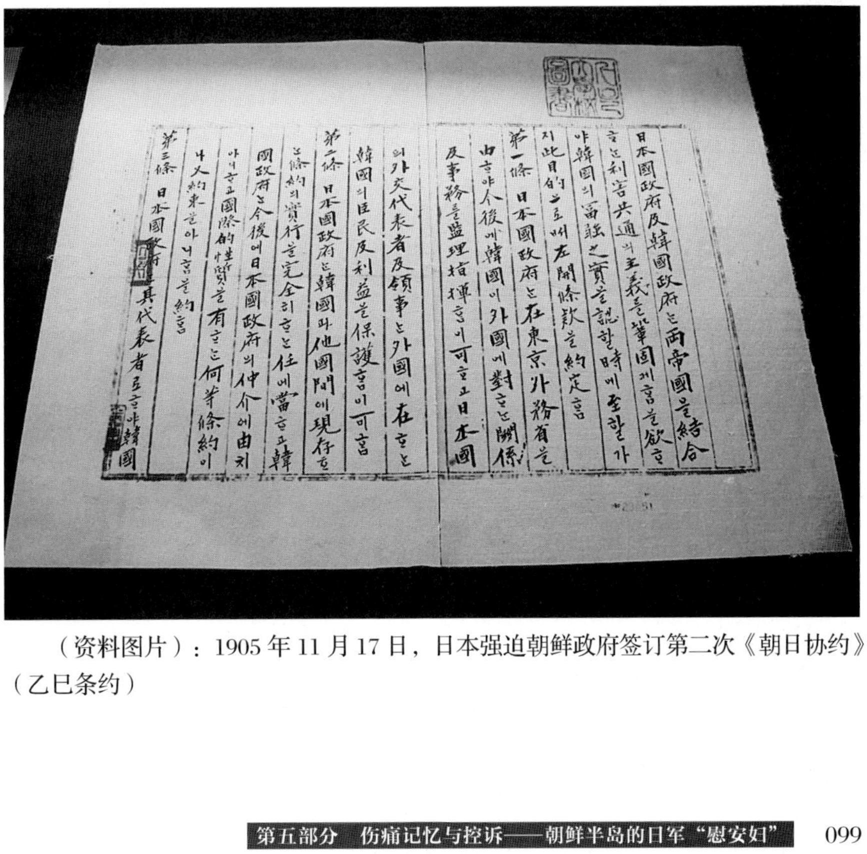
日本國政府及韓國政府는兩帝國을結合
하는利害共通의主義를鞏固케함을欲하
야韓國의富强之實을認할時에至할가
지此目的으로써左開條款을約定함
第一條 日本國政府는在東京外務省을
由하야今後에韓國이外國에對하는關係
及事務를監理指揮함이可하고日本國
의外交代表者及領事는外國에在하는
韓國의臣民及利益을保護함이可함
第二條 日本國政府는韓國과他國間에現存하
는條約의實行을完全히하는任에當하고韓
國政府는今後에日本國政府의仲介에由치
아니하고國際的性質을有하는何等條約이
나又約束을아니함을約함
第三條 日本國政府는其代表者로하야韓國

（资料图片）：1905 年 11 月 17 日，日本强迫朝鲜政府签订第二次《朝日协约》（乙巳条约）

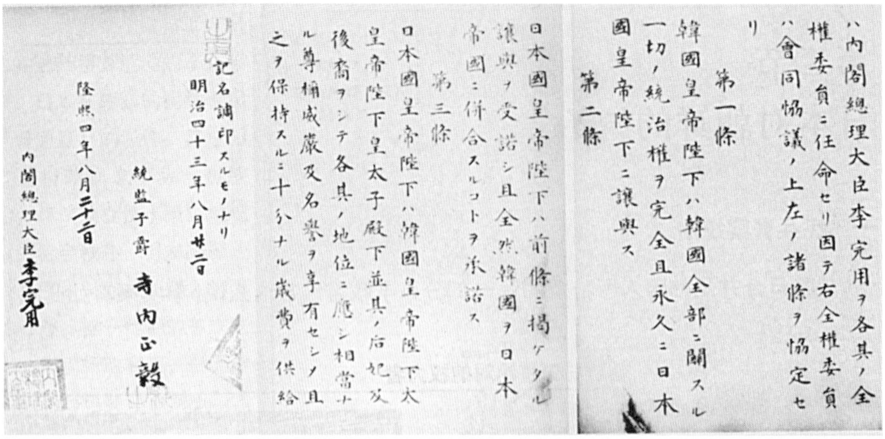

八内閣總理大臣李完用ヲ各其ノ全
權委員ニ任命セリ因テ右全權委員
ハ會同協議ノ上左ノ諸條ヲ協定セ
リ
第一條
韓國皇帝陛下ハ韓國全部ニ關スル
一切ノ統治權ヲ完全且永久ニ日本
國皇帝陛下ニ讓與ス
第二條
日本國皇帝陛下ハ前條ニ掲ケタル
讓與ヲ受諾シ且全然韓國ヲ日本
帝國ニ併合スルコトヲ承諾ス
第三條
日本國皇帝陛下ハ韓國皇帝陛下太
皇帝陛下皇太子殿下並其ノ后妃及
後裔ヲシテ各其ノ地位ニ應シ相當ナ
ル尊稱威嚴及名譽ヲ享有セシメ且
之ヲ保持スルニ十分ナル歳費ヲ供給

記名調印スルモノナリ
明治四十三年八月廿二日
統監子爵 寺内正毅
隆熙四年八月二十二日
内閣總理大臣 李完用

1910年8月22日，“大韩帝国”内阁总理大臣李完用与日本代表统监子爵寺内正毅签订了《日韩合并条约》，标志着朝鲜半岛沦为日本殖民地
——《东亚三国的近现代史》

在韩国王宫（景福宫）悬挂的日本国旗
——《世界抗日战争图志》

日军用绞刑镇压韩国人民的情景
——《世界抗日战争图志》

（资料图片）：1910年8月29日，日本在当时的京城（今首尔）景福宫内设置了殖民统治机构——朝鲜总督府，第一任总督为寺内正毅。从1910年至1945年日本投降，历任朝鲜总督的共有10人

被日军押到中国来的朝鲜半岛日军“慰安妇”

——苏智良：《慰安妇研究》

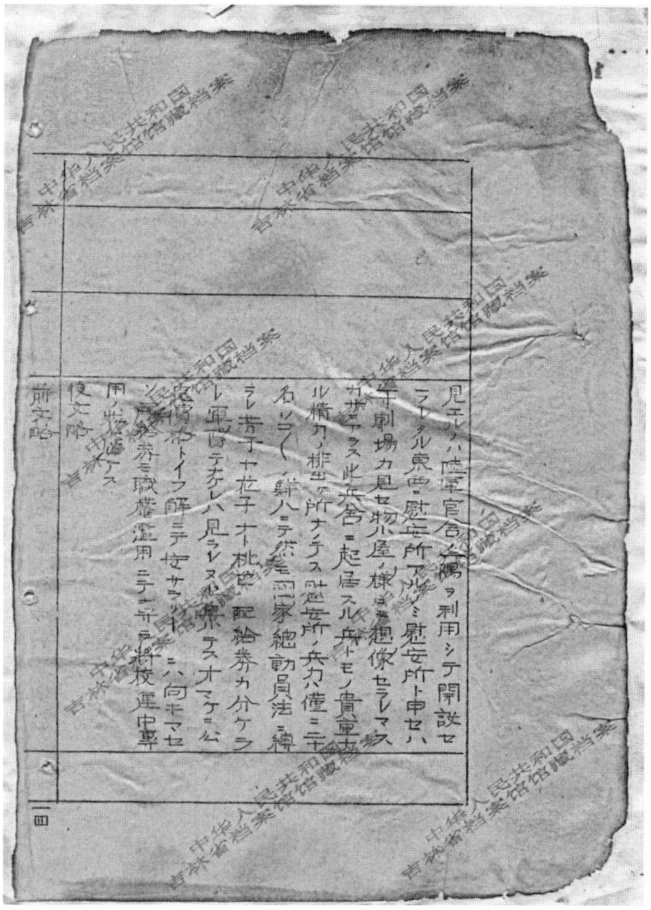

見エルハ陸軍官舎ノ一隅ヲ利用シテ開設セ
ラレタル東西ニ慰安所アルノミ慰安所ト申セハ
一寸劇場カ見セ物小屋ノ様ニ御想像セラレマスカ
カサニアラス此兵舎ニ起居スル兵ト云フモノ貴重ナ
ル精力ノ排出ヲナス所ナリテス慰安所ノ兵力ハ僅ニ二十
名ソコソコノ鮮人ニテ然モ国家総動員法ニ縛
ラレ芳子ヤ花子ナド桃色配給券カ分ケラ
レ軍曹テナケレハ見ラレヌ様ナ事テスオマケニ公
定価格トイフ解ニテ安サラツテニハ向キマセ
ン兵隊ハ券モ職権濫用ニテ二十分ラ将校連中専
用ノ此所テス
後文略
前文略

一四

（档案图片）：1941 年驻黑龙江省黑河的日本军人武田武二郎写给日本秋田市大町四村上英子雄的信件摘抄，记录了驻黑河的日本陆军军舍一角开设“慰安所”的情况。档案记载，军队慰安所是士兵消遣解闷的地方，20 名“慰安妇”全是朝鲜人

——吉林省档案馆：《铁证如山》

朝鲜半岛日军“慰安妇”穿着和服被强迫为日本军人表演节目

——韩国挺身队问题对策协议会：《被掠往侵略战场的“慰安妇”》

远离家乡的朝鲜半岛日军“慰安妇”被迫四处漂泊
——李晓方：《世纪呐喊——67位幸存慰安妇实录》

在战争前线的朝鲜半岛日军“慰安妇”
——苏智良、陈丽菲：《追索》

在缅甸的美军俘虏收容所接受审问的朝鲜半岛日军“慰安妇”
——赖采儿等著：《沉默的伤痕：日军慰安妇历史影像书》

美军对受伤的朝鲜半岛日军“慰安妇”进行治疗
——（日）铃木亮、笠原十九司：《写真记录·日中战争》

美军对被解救的朝鲜半岛日军“慰安妇”进行调查询问
——（日）铃木亮、笠原十九司：《写真记录·日中战争》

韩国梨花女子大学尹贞玉教授，1928 年生，从 20 世纪 80 年代起就从事日军“慰安妇”研究，当年差一点被强征为“挺身队员”。

——苏智良、陈丽菲：《追索》

（资料）：日本军医麻生彻男关于朝鲜日军“慰安妇”的记述：

她们是从朝鲜及北九州各地募集而来的，印象颇为深刻的是朝鲜妇女大多年龄较小，而且肉体亮洁。

（资料）：日本武汉兵站慰安科科长山田清吉在《武汉兵站》一书中记载：

当时，该兵站（武汉兵站）在汉口积庆里一处就设有 20 家慰安所，其中的 11 家为朝鲜人经营的。150 名朝鲜“慰安妇”的年龄大多只有十八九岁，她们没有卖淫的经历。

二、朝鲜的日军“慰安妇”幸存者

以朴永心为代表的朝鲜日军“慰安妇”幸存者，勇敢站出来，对日本在二战期间采取欺骗和强征的手段征集“慰安妇”的罪行进行了有力的控诉。虽然日本方面百般抵赖，否认日军“慰安妇”制度的罪行，但这些幸存下来的朝鲜日军“慰安妇”的证言是无法抹杀的。

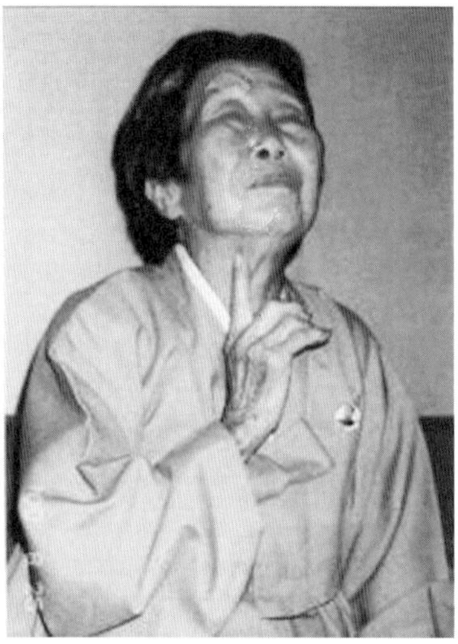

曾在南京遭受三年蹂躏的朝鲜日军“慰安妇”幸存者朴永心

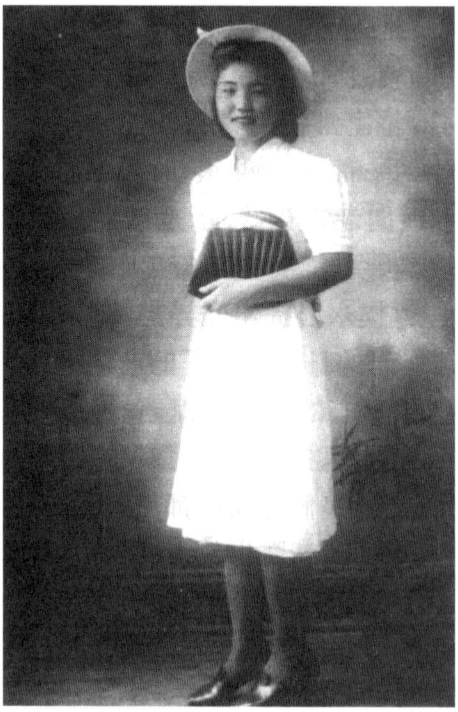

朝鲜少女郑永英被日军诱骗成了日军性奴隶，她的名字变成“玉子”

——苏智良、陈丽菲：《追索》

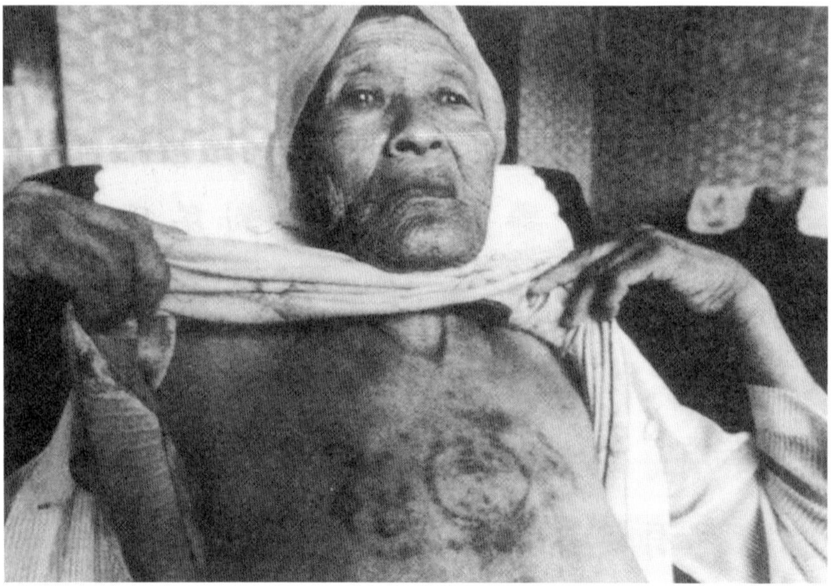

朝鲜日军“慰安妇”幸存者郑玉顺，1920年生于朝鲜咸镜南道，被日军逼为性奴隶。日军在她的嘴里、胸部、肚子上到处刺青，因感染而产生的紫绀布满全身

——苏智良、陈丽菲：《追索》

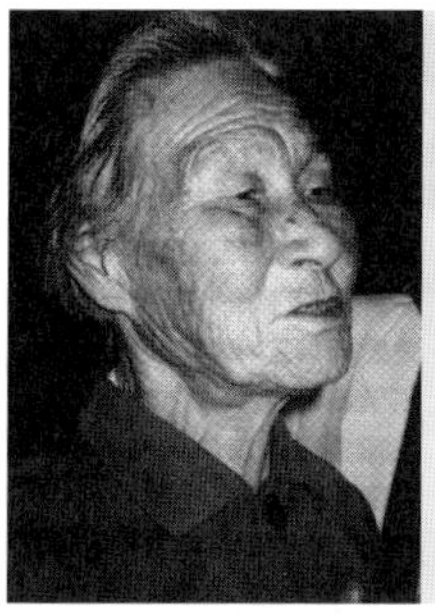

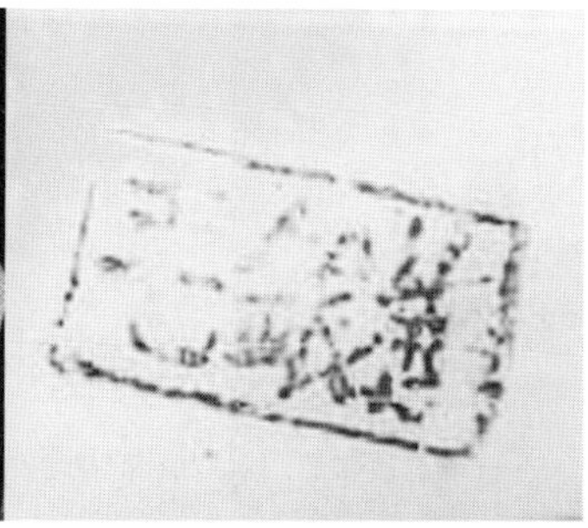

朝鲜日军“慰安妇”幸存者毛银梅及其签名

——苏智良 供图

苏智良教授（右二）、德国学者哈路特（右一）、日本小学教师松冈环（左二）等与毛大娘（中）的合影

——陈丽菲：《日军慰安妇制度批判》

证人证言：

毛银梅，原名叫朴娥姬，朝鲜人。17岁被日本人骗说到中国去可以进工厂上班，就跟日本人来了中国，最后到了武昌，被送进了一家慰安所。慰安所有十几个“慰安妇”，一个人一个房间，也有两个人一个房间的，周围是营房。跟毛银梅一起来的朝鲜姑娘跳江死了2个，同楼的姑娘，有人因怀孕被拖走打胎，却再未回来。

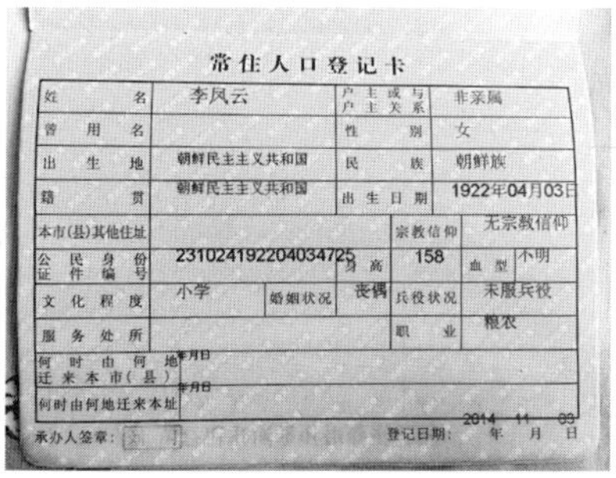

常住人口登记卡

姓名	李凤云		户主或与户主关系	非亲属	
曾用名			性别	女	
出生地	朝鲜民主主义共和国		民族	朝鲜族	
籍贯	朝鲜民主主义共和国		出生日期	1922年04月03日	
本市(县)其他住址			宗教信仰	无宗教信仰	
公民身份证件编号	231024192204034725	身高	158	血型	不明
文化程度	小学	婚姻状况	丧偶	兵役状况	未服兵役
服务处所			职业	粮农	
何时由何地迁来本市（县）	年月日				
何时由何地迁来本址	年月日				

承办人签章： 登记日期：2014年11月03日

朝鲜日军“慰安妇”幸存者李凤云及其户口簿

——侵华日军南京大屠杀遇难同胞纪念馆藏片

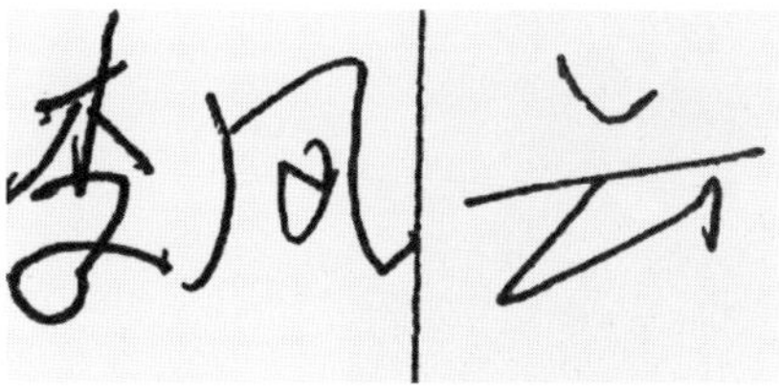

朝鲜日军“慰安妇”幸存者李凤云的亲笔签名

——苏智良 提供

2015年4月，侵华日军南京大屠杀遇难同胞纪念馆工作人员采访李凤云老人

——侵华日军南京大屠杀遇难同胞纪念馆藏片

证人证言：

李凤云，原名李寿段，1922年出生于朝鲜平壤一个穷苦农民家庭。19岁那年，为治疗母亲重病卖身日本“工厂”，随日本人来到黑龙江阿城，后被日本兵抓到东宁要塞的“慰安所”内，直至日本投降，才逃出苦海，在东宁县大肚川镇隐瞒身份居住下来。

朝鲜日军“慰安妇”幸存者金淑兰

——李晓方：《世纪呐喊——67位幸存慰安妇实录》

证人证言：

金淑兰，生于在朝鲜平壤。19岁那年，被骗到东宁县的一家日本人开的慰安所，沦为日军的性奴隶。后来又被骗到石门子的一家慰安所。在那里，每天被迫接待40个日本兵。慰安所里经常有姐妹被折磨死，她亲眼看到一天有三个姐妹的尸体被拖出去。同住一个房间的不满15岁的小姐妹，被日本士兵轮奸致大出血而死。

三、韩国的日军“慰安妇”幸存者

二战中，作为日本的殖民地，韩国有很多女性在殖民当局欺骗或强迫下，成为日军的“慰安妇”。战后，部分幸存者返回韩国，勇敢站出来成为日军“慰安妇”制度罪行的证人。以金学顺为代表的日军“慰安妇”幸存者最早站出来，对日本矢口否认日军“慰安妇”制度罪行的言行进行了长期的斗争。

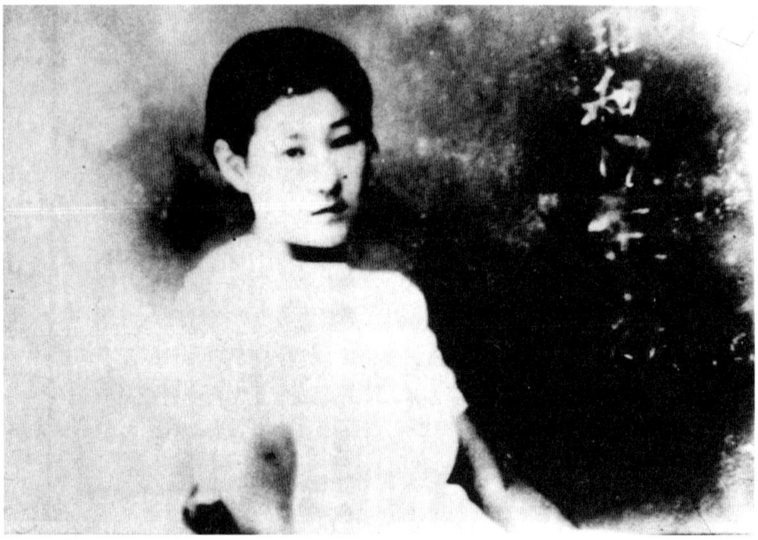

韩国少女朴来顺在中国海南岛的海口市充当日军“慰安妇”期间留下的照片，当时她26岁

——陈庆港：《历史的深处——二战日军中国慰安妇影像实录》

韩国日军“慰安妇”幸存者朴来顺在海南的墓碑

证人证言：

朴来顺，韩国庆尚南道咸安郡内谷里人。1941 年，被征加入日本“战地后勤服务队”，后被带到中国辽宁省抚顺市的一所日本兵营充当“慰安妇”。1942 年 1 月被日军抽调南下海南岛。

韩国“慰安妇”幸存者李天英，原名郑盖花，生于韩国庆尚道甘浦。战时被日军诱骗到中国成为“慰安妇”，历经苦难

——苏智良、陈丽菲：《追索》

韩国日军“慰安妇”幸存者李玉善，生于韩国釜山宝水洞。1942年，她被带到中国吉林省延吉市的一所日军慰安所，在那里度过了三年多的“慰安妇”非人生活

——李晓方：《世纪呐喊——67位幸存慰安妇实录》

曾在南京的日军慰安所里待过一年的韩国日军“慰安妇”易英兰

——李晓方：《世纪呐喊——67位幸存慰安妇实录》

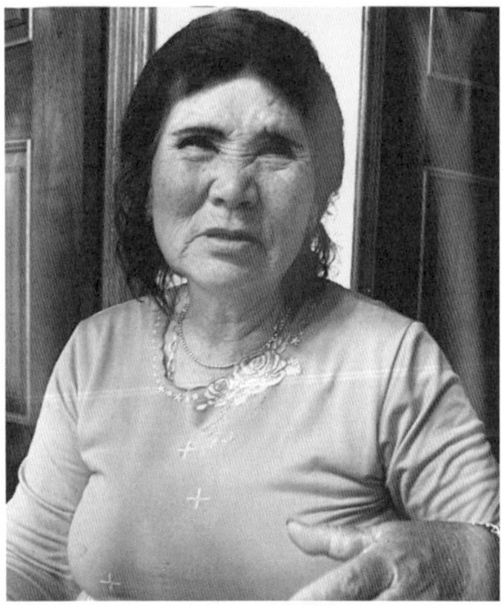

韩国日军“慰安妇”幸存者裴春姬

——李晓方：《世纪呐喊——67位幸存慰安妇实录》

证人证言：

裴春姬，生于韩国庆尚北道星州郡。1941年，她被日本人骗入中国的日军慰安所，当天晚上即被一个日本军官强奸。此后每天都要被11至15个日军官兵强暴，不管是生病时还是生理月经期，兽兵们都不放过她。

曾在中国东北沦为性奴隶的韩国日军“慰安妇”幸存者姜日出

——李晓方：《世纪呐喊——67位幸存慰安妇实录》

证人证言：

姜日出，生于韩国庆尚道尚州郡安东面。1943年，在家里被警察强行带走，后被送到中国牡丹江。到达目的地后，全部被逮到日本的军人医院进行身体检查，和来自日本、中国台湾的女孩被关到一间小屋子里，被喊到名字后就要从屋子里出来。当时，这家慰安所里有30多名女性。后来她被单独安排在一间小屋子里，每天至少被七八名日军施暴。

韩国日军“慰安妇”幸存者文必琎

——李晓方：《世纪呐喊——67位幸存慰安妇实录》

证人证言：

文必琎，生于韩国的庆尚南道。1943年，她被卖到日军在中国吉林省长春市的一所慰安所，沦为日军性奴隶。从此，整天被关在慰安所里等着日本兵的强暴，屈辱的日子一直维持了两年多。慰安所里大约有30名慰安妇，她们都是朝鲜人，大多数都是来自北方的女孩子，年龄一般在18至19岁之间。平时一般一天接待大约10名军人，但星期六和星期日情况就完全不一样了，军人们从早晨八点钟就不断涌到这里来，要接待30个人到40个人。

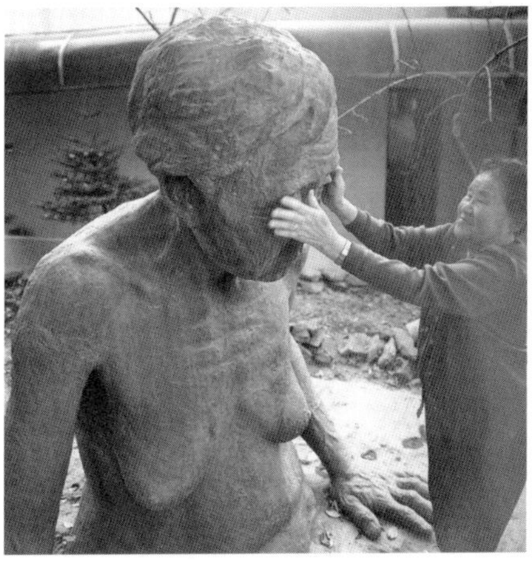

韩国日军“慰安妇”幸存者朴玉善，生于韩国庆尚南道。1941年，她被招工谎言欺骗送入中国黑龙江省穆棱县的一家慰安所，每天遭到很多日军的强暴，充当四年多的日军性奴隶

——李晓方：《世纪呐喊——67位幸存慰安妇实录》

韩国日军“慰安妇”幸存者金顺德
——李晓方：《世纪呐喊——67 位幸存慰安妇实录》

金顺德创作的关于日军强掳朝鲜半岛女性为“慰安妇”的绘画作品

证人证言：

金顺德，生于韩国庆尚南道宜宁郡。1937 年，她被日本以招工名义骗至长崎的一座日军军营，当晚即被日军强暴。一周后，她被送往中国上海的日军慰安所，随军驻扎。后来到达南京。1940 年，她被送回韩国。她说：“‘慰安妇’都要在每天早上七点起床，平均一天要接三十至四十名日军官兵。”

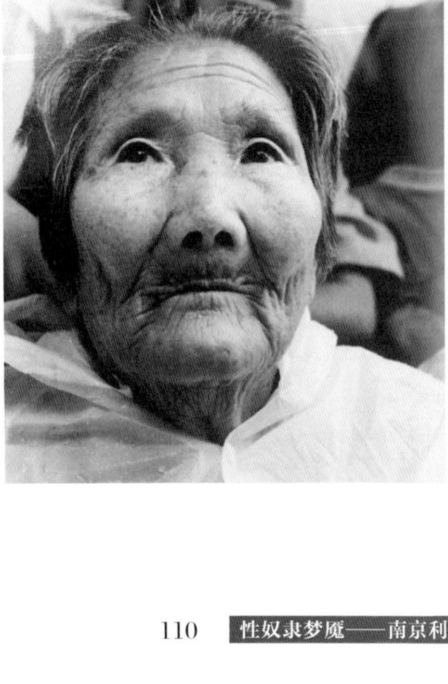

韩国日军“慰安妇”幸存者韩道顺，出生于韩国全罗北道完州郡。1937 年，她被胁迫到了中国东北的一家日军慰安所，充当长达九年的日军“慰安妇”
——李晓方：《世纪呐喊——67 位幸存慰安妇实录》

陈列在韩国日军“慰安妇”历史馆里、曾居住在“分享之家”的韩国“慰安妇”受害者们的照片

——李晓方：《世纪呐喊——67位幸存慰安妇实录》

韩国日军“慰安妇”幸存者尹金礼、尹顺任姐妹，战时，沦为日军的性奴隶

——李晓方：《世纪呐喊—67 位幸存慰安妇实录》

韩国日军“慰安妇”幸存者池石伊，中国名叫池桂兰，生于韩国庆尚北道。1944 年 3 月，被骗到中国黑龙江省东宁石门子的一家慰安所充当“慰安妇”。2000 年 6 月回到韩国生活在“分享之家”

——李晓方：《世纪呐喊——67位幸存慰安妇实录》

韩国日军“慰安妇”幸存者李光子

——采自《东方马其诺》

韩国日军“慰安妇”幸存者李光子的亲笔签名

——苏智良 提供

四、对日军“慰安妇”制度罪行的控诉

1990 年 11 月，以韩国梨花大学教授尹贞玉为首的“韩国女子挺身队问题对策协议会”正式成立，从事有关日军“慰安妇”制度历史研究和传播。在韩国民众的呼吁下，当时的总统卢泰愚下令对战时韩国女子被迫充当日军“慰安妇”历史展开全面调查。韩国的一些民众团体还致函联合国人权委员会，要求其协助韩国“慰安妇”幸存者向日本索赔。韩国民间捐款为“慰安妇”幸存者设立了“分享之家”，建立日军“慰安妇”历史馆。

韩国女子挺身队问题对策协议会举行的抗议活动

——（日）铃木亮、笠原十九司：《写真记录・日中战争》

曾被强征为日军“慰安妇”的金学顺老人。1991年8月14日，67岁的金学顺第一个勇敢站出来对世人作证：“我就是一名被日军强制卖春的‘慰安妇’。”

——苏智良：《慰安妇研究》

1992年1月，日本首相访韩前夕，泪流满面的日军“慰安妇”幸存者金学顺参加游行

——《东亚三国的近现代史》

证人证言：

金学顺出生于吉林，两年后因父亲去世，跟随母亲回到了朝鲜平壤。1941年，17岁的金学顺被养父带到中国北平后，被一名日本军官强行带走并被强奸，后被带至铁壁镇的一家慰安所，沦为日军性奴隶。她说：“日本军人一般下午来到慰安所。但是打仗回来，从早晨开始，军人们就会拥进来，一天就得接待七八名军人。”

自1992年1月8日起，每周三，日本驻韩国大使馆前都举行要求解决日军“慰安妇”问题的示威，被称为“星期三游行”

——《东亚三国的近现代史》

1992年8月12日，在日本驻韩国大使馆前举行周三示威游行，正中者是韩国日军“慰安妇”幸存者金学顺老人

——苏智良、陈丽菲：《追索》

韩国日军“慰安妇”幸存者在首尔日本驻韩大使馆前示威

——苏智良：《慰安妇研究》

韩国日军“慰安妇”幸存者诉讼团正在步入日本东京地方法院

——苏智良、陈丽菲：《追索》

（资料图片）：2011 年 12 月 14 日，韩国民间团体在日本驻韩大使馆对面树立日军“慰安妇”纪念铜像，要求日本对日军“慰安妇”们道歉并赔偿

由韩国佛教界人士和国民捐款，为该国日军“慰安妇”幸存者建立的生活之家——“分享之家”

——李晓方：《世纪呐喊——67 位幸存慰安妇实录》

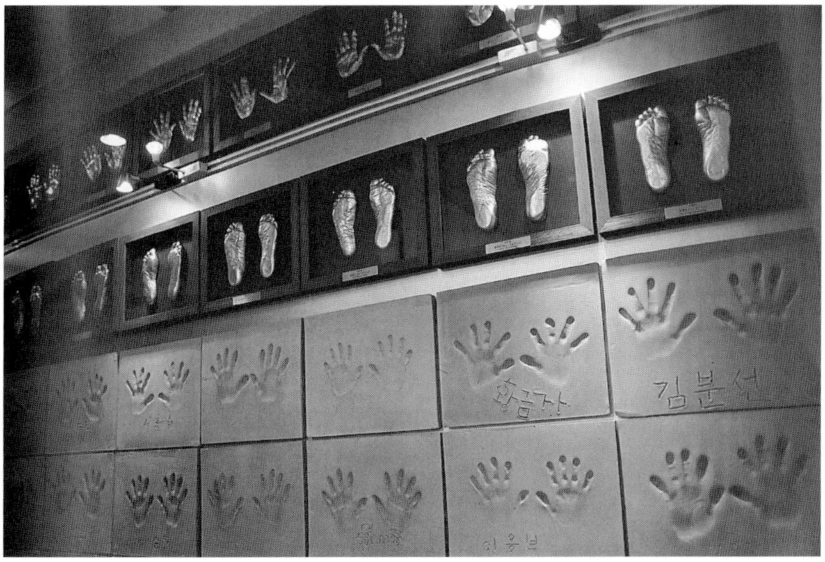

日军“慰安妇”历史馆中展示的部分日军“慰安妇”幸存者手印深深地留在墙壁上

——李晓方：《世纪呐喊——67 位幸存慰安妇实录》

韩国“分享之家”里的日军“慰安妇”老人雕像

——李晓方：《世纪呐喊——67 位幸存慰安妇实录》

第六部分

众多国籍的性奴隶

——太平洋战争与日军“慰安妇”制度罪行

1941年12月7日，日军偷袭美国珍珠港，太平洋战争爆发。随着日军占领区域扩大，慰安所的设置范围也从中国大陆战场扩大到了新加坡、缅甸、泰国、印度尼西亚、菲律宾、马来亚、越南、东印度群岛、南太平洋诸岛、日本本土等地。这一时期的日军"慰安妇"，除了从中国、朝鲜、日本强征来的性奴隶外，还包括东南亚当地的妇女，甚至在东南亚各地的西方妇女也难逃厄运。

一、太平洋战争爆发与日军"慰安妇"制度的扩大

1941年12月，太平洋战争爆发后，日军向东南亚各地和西太平洋岛屿发动进攻。到1942年6月，日军已占领了菲律宾、印度尼西亚、马来亚、新加坡、缅甸和泰国等地。日本军部为鼓舞日军官兵的士气，立即将"慰安妇"制度有计划地推广到东南亚各国，一大批妇女成为日军官兵的性奴隶。

1941年12月7日，日军袭击珍珠港美军基地，太平洋战争爆发

——《中国抗日战争图志》

1941 年 12 月 8 日，美国总统罗斯福签署对日宣战书

——《抗日战争图鉴》

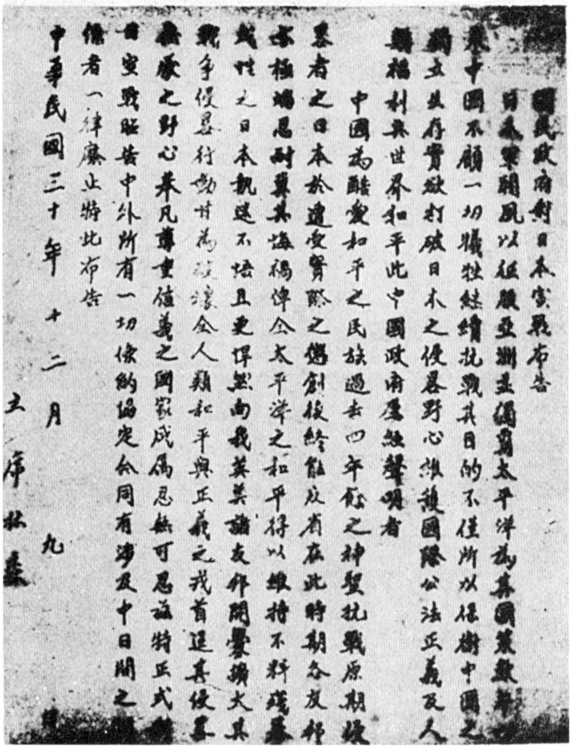

國民政府對日本宣戰布告

日本軍閥夙以征服亞洲並獨霸太平洋為其國策數年來中國不顧一切犠牲繼續抗戰其目的不僅所以保衛中國之獨立生存實欲打破日本之侵略野心維護國際公法正義及人類福利與世界和平此中國政府屢經聲明者

中國為酷愛和平之民族過去四年餘之神聖抗戰原期使暴者之日本於遭受實際之懲創後終能反省在此時期各友邦亦極端忍耐冀其悔禍俾全太平洋之和平得以維持不料殘暴成性之日本執迷不悟且更悍然向我英美諸友邦開釁擴大其戰爭侵略行動甘為破壞全人類和平與正義之戎首逞其侵略無厭之野心舉凡尊重信義之國家咸屬忍無可忍茲特正式對日宣戰昭告中外所有一切條約協定合同有涉及中日間之係者一律廢止特此布告

中華民國三十年十二月九日

主席林森

1941 年 12 月 9 日，中国国民政府正式对日宣战，图为宣战书

——海军指挥学院海史馆

1941 年 12 月 8 日，在偷袭珍珠港同时，日军对马来半岛发起猛攻。这是日军第二十五军司令官山下奉文在马来亚战场的情景

——《世界抗日战争图志》

1942 年 2 月 8 日，日军进攻新加坡，英军抵抗无效，英军司令珀西瓦尔将军率众向日军投降

——《世界抗日战争图志》

1942 年 3 月 5 日，日军占领印度尼西亚雅加达，7 日攻占万隆，8 日攻占泗水港。3 月 9 日荷属东印度军事当局被迫向日本宣布投降。这是接洽投降时的情景

——《世界抗日战争图志》

1942 年 3 月 7 日，日军占领缅甸仰光东北 100 公里的佛都勃固

——《世界抗日战争图志》

1942 年 5 月 7 日，日军占领美属菲律宾。在日本人的监督下，美国温赖特将军广播投降命令

——《世界抗日战争图志》

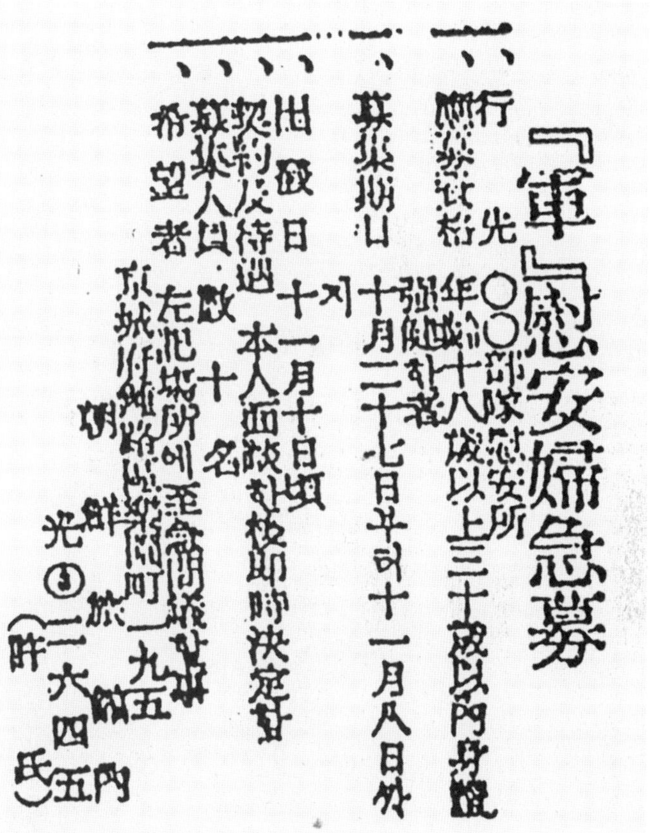

『軍』慰安婦急募

一、行先 ○○部隊慰安所

一、應募資格 年齡十八歲以上三十歲以內身體強健한者

一、募集期日 十月二十七日부터十一月八日까지

一、出發日 十一月十日頃

一、契約及待遇 本人面談한後即時決定

一、採用人員 數十名

一、希望者 左記場所에至急問合할것

京城府鍾路區樂園町一九五 朝鮮旅館內 (光③二六四五) 許氏

日军在《韩鲜报》上刊登的招募“慰安妇”的广告，清楚写着招募对象为十八岁至三十岁以内身体强健者，人数多达数十名

——苏智良：《慰安妇研究》

日本战犯佐佐真之助：1943 年 12 月，在“荷兰领属东印度安汶岛”，“强制的使用印度尼西亚妇女十数名，建立一个慰安所，供给日本兵士之用，这是对印度尼西亚妇女重大的侮辱行为”。

——中央档案馆

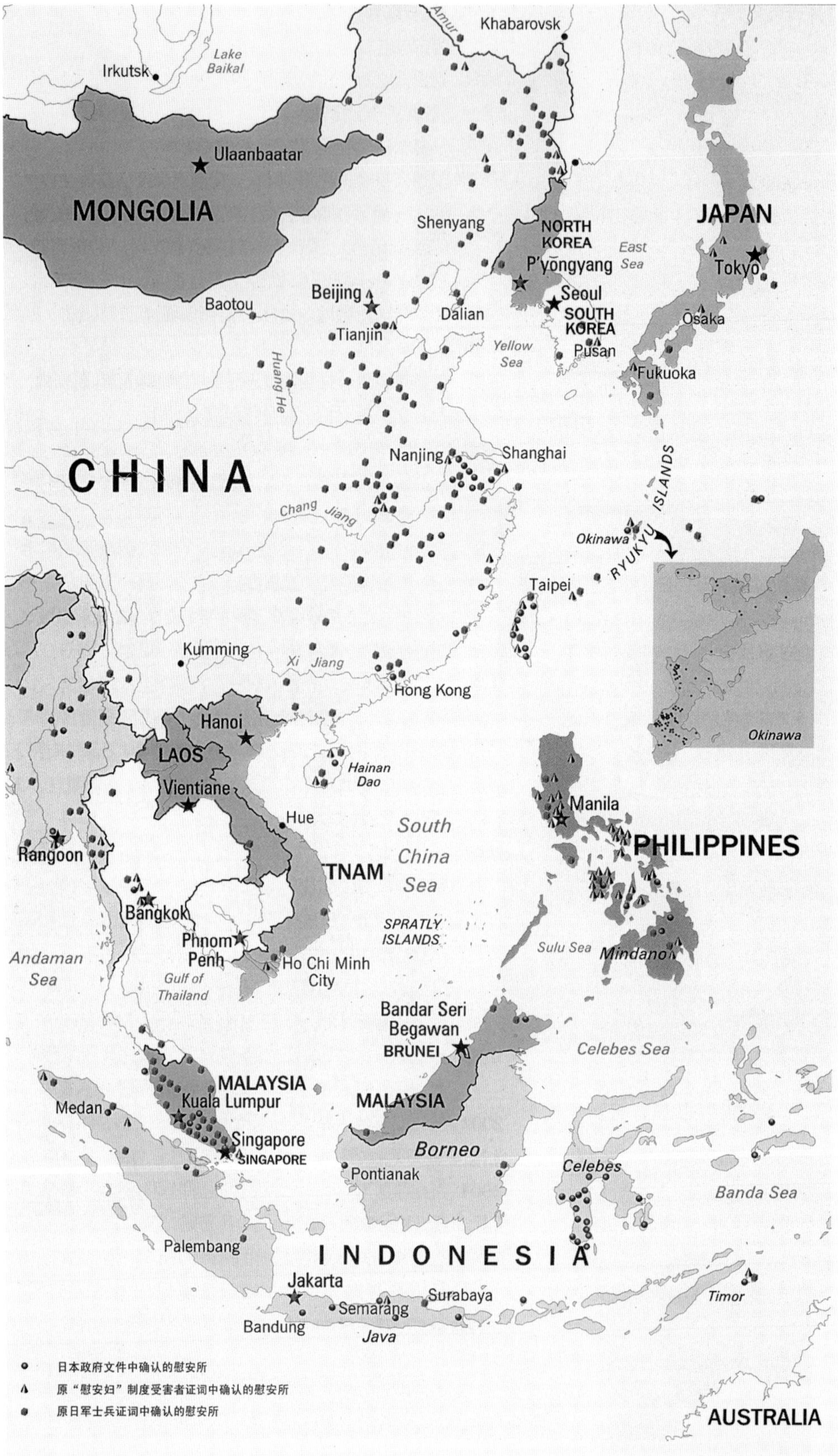

世界各地日军慰安所分布图，从这张图中可以清楚地看出日军慰安所遍及日军所在地，分布之广，数量之多

——苏智良 提供

二、东南亚及太平洋诸岛的日军慰安所

占领东南亚及太平洋诸岛后，日本立即将慰安所有计划地推广到各地区。慰安所的设置范围也从中国大陆战场扩大到了新加坡、缅甸、泰国、印度尼西亚、菲律宾、马来亚、越南、东印度群岛、南太平洋诸岛等地。日军在东南亚及太平洋诸岛的慰安所与中国战场上的慰安所形式迥异：日军占领一地后，即将西方殖民者在当地的豪华住宅和别墅据为己有，而白人的妻女们，也在“从欧美人的统治下解放出来”的口号下成为日本军官们的专用“慰安妇”。

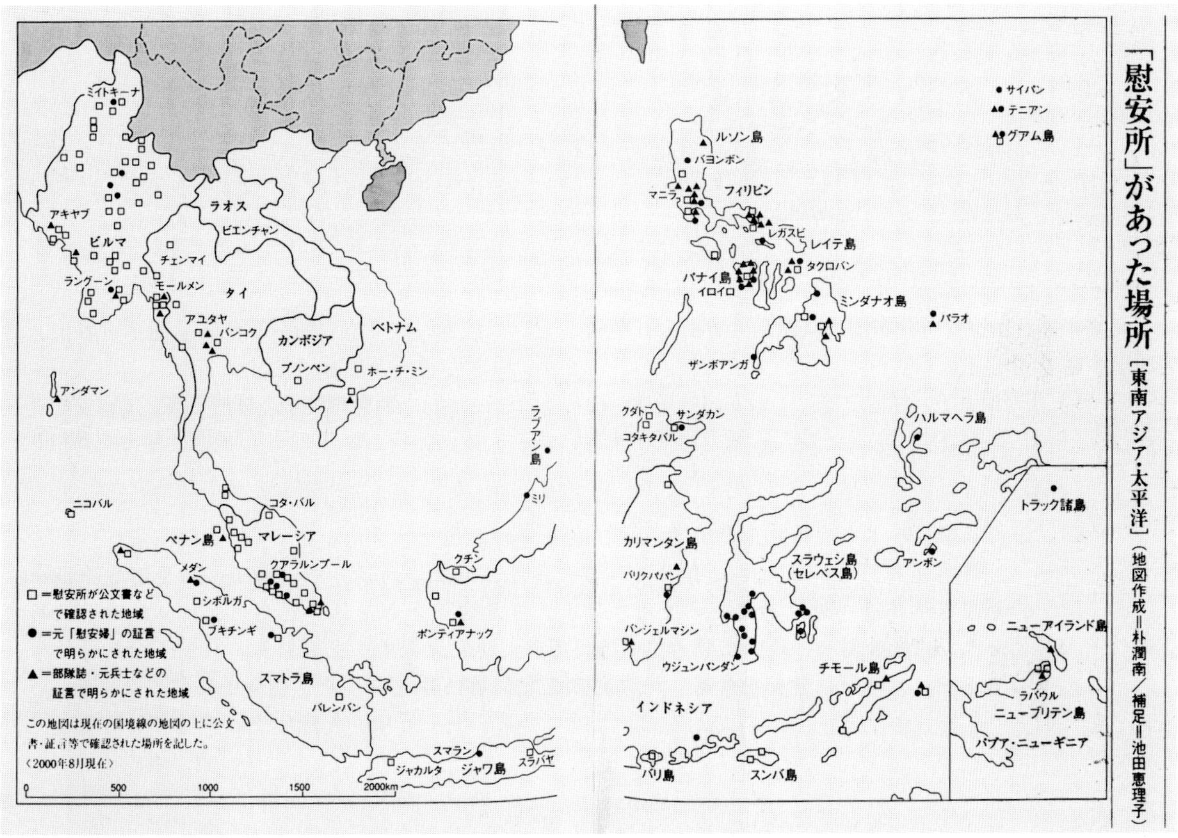

东南亚及太平洋地区的日军慰安所分布图

——（日）西野瑠美子、林博史等：《慰安妇——战时性暴力的真相Ⅱ》

马来半岛日军慰安所分布图。从图示可看出，日军慰安所至少在10个以上

——（日）西野瑠美子、林博史等：《慰安妇——战时性暴力的真相Ⅱ》

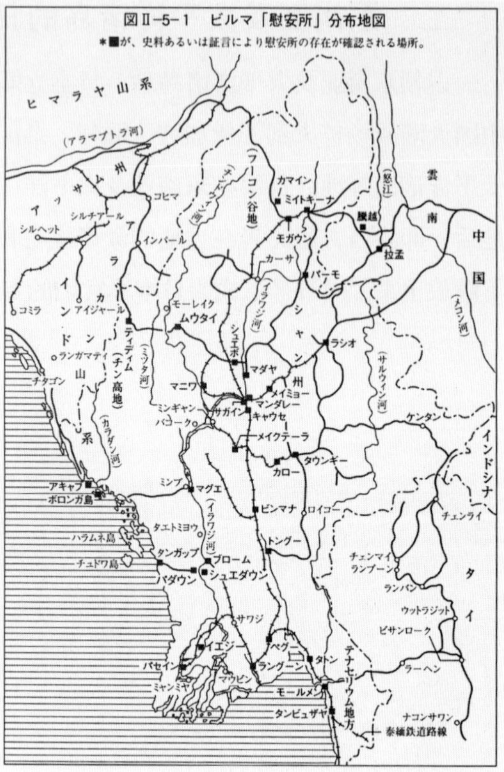

缅甸日军慰安所分布图。从图示可看出，日军慰安所至少在10个以上

——（日）西野瑠美子、林博史等：《慰安妇——战时性暴力的真相Ⅱ》

证人证言：日本老兵铃木俊雄关于菲律宾慰安所的回忆

售票处如同电话亭大小，有十七八名士兵排在那里。到了另一间房子，只见有6~7张床，分别用布遮掩着。听说其他地方使用朝鲜人，可是这里全都是菲律宾岛的女性。我瞅了瞅其中的一人，她把脸侧向一边，在躺着吃面条，两条大腿还分开着。士兵们真是只5~6分钟就结束，让给下一位，好一副繁忙的景象。巡视的卫生官们的任务之一，就是强调士兵们带卫生套。

——（日）矢野玲子：《慰安妇问题研究》

（资料）：菲律宾岛军政监部比萨雅支部伊洛伊洛出张所设立的慰安所，做了如下规定：

慰安所规定（第一慰安所、亚细亚会馆）

一、本规定由菲律宾岛军政监部比萨雅支部伊洛伊洛出张所管理的慰安所有关事项。

二、慰安所之监督指导，由军政监部掌管。

三、警备队医官负责监督指导有关卫生事项，每周二自十五时始，为接客妇检梅。

四、本慰安所利用者，仅限于着制服的军人及军队附属人员。

五、慰安所经营者，必须遵守下属事项：

1. 保持房屋、寝具清洁，并日光清毒。
2. 完备洗涤消毒设施。
3. 禁止不使用卫生套者享乐。

4. 禁止患妇接客。
5. 严格禁止慰安妇外出。
6. 实施每日入浴。
7. 禁止规定以外之享乐。
8. 营业者需向军政监部报告每日的营业状况。
六、利用慰安所者须严守下列事项：
1. 绝对严守防止间谍规定。
2. 不得对慰安妇和业主施暴或胁迫行为。
3. 费用以军票缴纳，事前支付。
4. 使用卫生套，并且确实洗浴，预防性病，以期完全。
5. 无菲岛军政监部比萨雅支部伊洛伊洛出张所长之许可，严禁携慰安妇外出。
七、慰安妇散步限于每日午前8时至10时，除此以外，须经菲岛军政监部比萨雅支部伊洛伊洛出张所长之许可。另，散步区域依照附图（图略——译者注）。
八、慰安所使用，只限于携有外出许可证（或可代替之证明书）者。
九、营业时间及费用如下表：

营业时间及费用表					
类别	营业时间	游兴时间	费用		备考
			第一慰安所	亚细亚会馆	
士兵	自9：00至16：00	30分	1.0	1.5	
下士官军属	自16：00至19：00	30分	1.5	2.5	
见习士官将校	自19：00至24：00	1小时	3.0	6.0	

——（日）矢野玲子：《慰安妇问题研究》

（资料）：菲律宾群岛——马尼拉的慰安所，一部分慰安所在军队管辖之下……民间人经营的慰安所的女性，通常是西班牙人与菲律宾人的混血儿。利用金额为10–20元。军队监督下的慰安所的费用，日本人女性和朝鲜人女性为2–3元。尽管费用差别很大，但民间人经营的慰安所受欢迎，因为那儿人不太多。

——（日）矢野玲子：《慰安妇问题研究》

菲律宾籍日军“慰安妇”幸存者玛丽亚·罗莎·韩森被迫接待日本兵的房间。现在菲律宾安赫莱斯市

——赖采儿等：《沉默的伤痕：日军慰安妇历史影像书》

二战时期，日军在马来西亚的慰安所旧址

——李晓方：《世纪呐喊——67位幸存慰安妇实录》

证人证言：一位当年任特务谍报员的日军军官回忆他在老挝和曼谷的所见所闻

女人们以或 30 人，或 50 人的集团形式，在战场的后方阵地巡回，以满足士兵们的性欲。那一天是预防性病体检的日子，驻地的所有女人们都被集合起来，5 个人 5 个人的分批走进房顶上写着红十字的大帐篷里。

——（日）矢野玲子：《慰安妇问题研究》

证人证言：

朴玉莲 1941 年被其丈夫卖给日本人，1944 年被送到日军在南太平洋的一座军事基地，成为日军的“慰安妇”。她说：“被军人们施暴等这些事情连做梦都没有想过。除了吃饭时间以外，一步都不能离开屋门。……以后的日子里，我每天都被二、三十个日军官兵强暴。”

——李晓方：《世纪呐喊——67 位幸存慰安妇实录》

被征往南太平洋的韩国日军“慰安妇”幸存者朴玉莲

缅甸残存的“朝日俱乐部”慰安所旧址

——苏智良：《慰安妇研究》

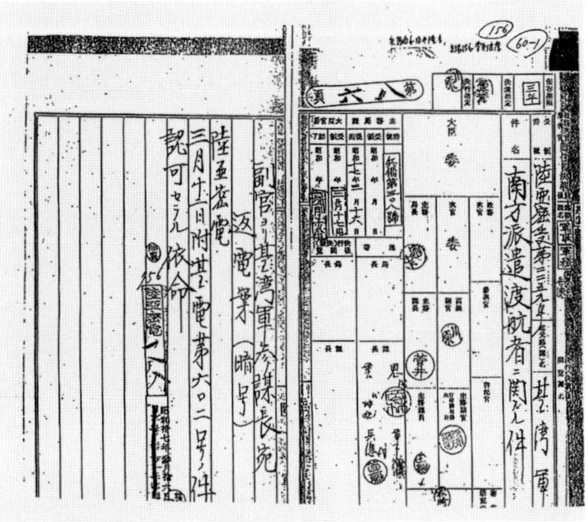

陸亜密受第二三九〇號
南方派遣渡航者ニ関スル件
陸亜密電
三月十二日附台電第六〇二号ノ件
認可セラル依命
副官ヨリ台湾軍参謀長宛
電報 暗号

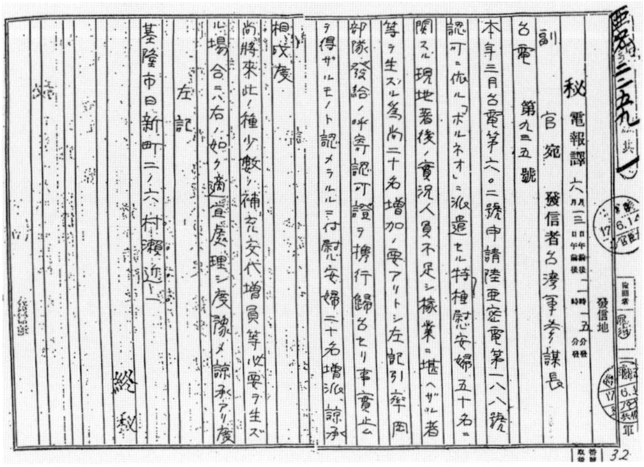

秘 電報譯
副官宛 發信者 台湾軍参謀長
台電 第九三五號
本年三月台電第六〇二號申請陸亜密電第一八八號認可ニ依ル「ボルネオ」ニ派遣セル特種慰安婦五十名ニ関スル現地着後ノ實況人員不足シ稼業ニ堪ヘザル者等ヲ生ズル為尚二十名増加ノ要アリトシ左記引率者部隊發給ノ呼寄認可證ヲ携行帰台セリ事實止ムヲ得ザルモノト認メラルルニ付慰安婦二十名増派諒承相成度
尚将来此ノ種少数ノ補充交代増員等必要ヲ生ズル場合ニハ右ノ如ク適宜處理シ度予メ諒承アリ度
左記
基隆市日新町二ノ六 村瀬近一
終

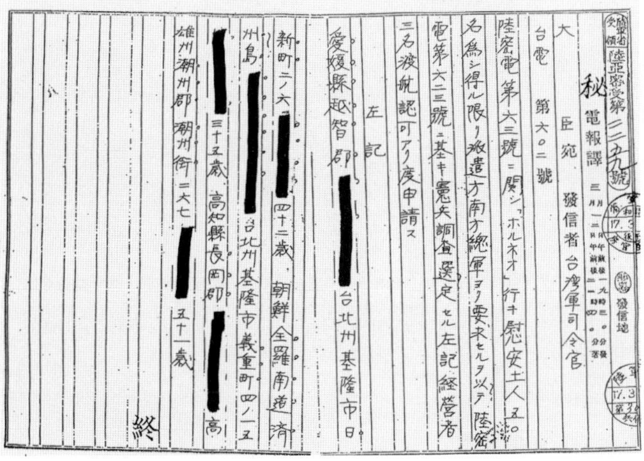

秘 電報譯
大臣宛 發信者 台湾軍司令官
台電 第六〇二號
陸密電第六三號ニ関シ「ボルネオ」行キ慰安土人五〇名為シ得ル限リ派遣方南方總軍ヨリ要求セルヲ以テ陸密電第六二三號ニ基キ憲兵調査選定セル左記経営者三名渡航認可アリ度申請ス
左記
愛媛縣越智郡 [redacted] 台北州基隆市日新町二ノ六 [redacted] 四十二歳
朝鮮全羅南道済州島 [redacted] 台北州基隆市義重町四ノ一五 [redacted] 三十五歳
高知縣長岡郡 [redacted] 高雄州潮州郡潮州街二六七 [redacted] 五十一歳
終

1942 年 3 月 12 日，日本台湾军司令官应其日本南方总军的要求，征召 50 名“慰安土人”到婆罗洲沙捞越服务，请求日本陆军部核发渡航证。后日本南方陆军表示这 50 名“慰安妇”工作繁重，不堪忍受，要求增派 20 名，台湾军参谋长再度要求陆军部核准

——赖采儿等：《沉默的伤痕：日军慰安妇历史影像书》

证人证言：被骗往南洋的一位台湾日军“慰安妇”幸存者回忆

1943 年，我只有 16 岁，被日本人以到南洋军部福利社做服务生为名，骗到南洋。我们被送到一个椰子树叶盖的大屋子，外面挂着慰安所的牌子，里面共有三四十个女孩子，工作时间是从早上 5 点到下午 5 点，主要是接待日本军官和台湾士兵，每天 3 到 5 人。其他女孩子比我大两三岁，我因无法忍受那里的生活曾经自杀两次。

——苏智良：《慰安妇研究》

日军在新加坡设立的慰安所

——苏智良：《日军性奴隶——中国“慰安妇”真相》

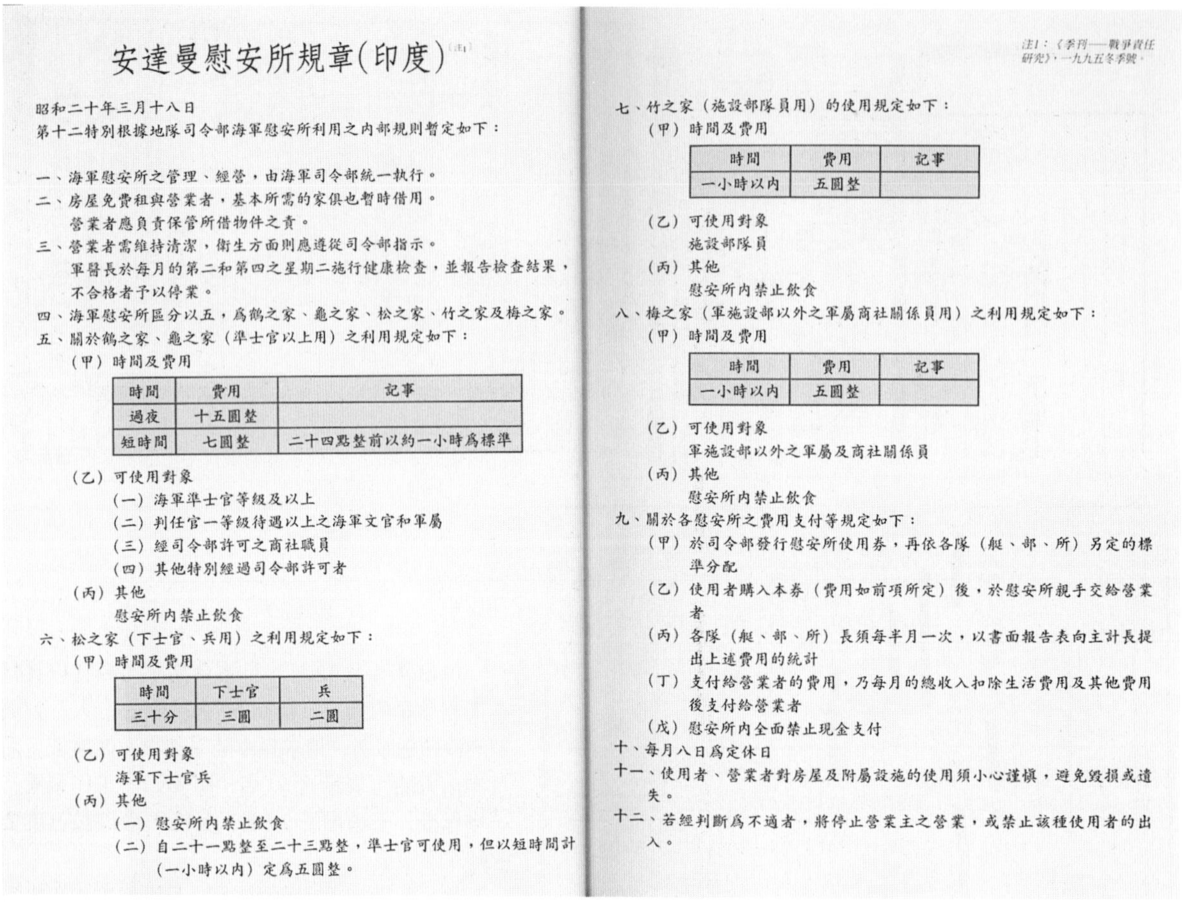

安達曼慰安所規章(印度)[注1]

注1：《季刊——戰爭責任研究》，一九九五冬季號。

昭和二十年三月十八日

第十二特別根據地隊司令部海軍慰安所利用之內部規則暫定如下：

一、海軍慰安所之管理、經營，由海軍司令部統一執行。

二、房屋免費租與營業者，基本所需的家俱也暫時借用。營業者應負責保管所借物件之責。

三、營業者需維持清潔，衛生方面則應遵從司令部指示。軍醫長於每月的第二和第四之星期二施行健康檢查，並報告檢查結果，不合格者予以停業。

四、海軍慰安所區分以五，爲鶴之家、龜之家、松之家、竹之家及梅之家。

五、關於鶴之家、龜之家（準士官以上用）之利用規定如下：

（甲）時間及費用

時間	費用	記事
過夜	十五圓整	
短時間	七圓整	二十四點整前以約一小時爲標準

（乙）可使用對象

（一）海軍準士官等級及以上

（二）判任官一等級待遇以上之海軍文官和軍屬

（三）經司令部許可之商社職員

（四）其他特別經過司令部許可者

（丙）其他

慰安所內禁止飲食

六、松之家（下士官、兵用）之利用規定如下：

（甲）時間及費用

時間	下士官	兵
三十分	三圓	二圓

（乙）可使用對象

海軍下士官兵

（丙）其他

（一）慰安所內禁止飲食

（二）自二十一點整至二十三點整，準士官可使用，但以短時間計（一小時以內）定爲五圓整。

七、竹之家（施設部隊員用）的使用規定如下：

（甲）時間及費用

時間	費用	記事
一小時以內	五圓整	

（乙）可使用對象

施設部隊員

（丙）其他

慰安所內禁止飲食

八、梅之家（軍施設部以外之軍屬商社關係員用）之利用規定如下：

（甲）時間及費用

時間	費用	記事
一小時以內	五圓整	

（乙）可使用對象

軍施設部以外之軍屬及商社關係員

（丙）其他

慰安所內禁止飲食

九、關於各慰安所之費用支付等規定如下：

（甲）於司令部發行慰安所使用券，再依各隊（艇、部、所）另定的標準分配

（乙）使用者購入本券（費用如前項所定）後，於慰安所親手交給營業者

（丙）各隊（艇、部、所）長須每半月一次，以書面報告表向主計長提出上述費用的統計

（丁）支付給營業者的費用，乃每月的總收入扣除生活費用及其他費用後支付給營業者

（戊）慰安所內全面禁止現金支付

十、每月八日爲定休日

十一、使用者、營業者對房屋及附屬設施的使用須小心謹慎，避免毀損或遺失。

十二、若經判斷爲不適者，將停止營業主之營業，或禁止該種使用者的出入。

印度安达曼慰安所规章，规定了不同慰安所服务的对象及所需费用

——赖采儿等：《沉默的伤痕：日军慰安妇历史影像书》

被骗往缅甸的韩国日军“慰安妇”幸存者李容女

证人证言：

李容女，出生于韩国京畿道骊州郡。1942年，她被日本人欺骗至缅甸，在仰光被迫当了“慰安妇”。对于这段经历她说道：“我被欺骗了，开始了悲剧的一生。在兰贡（即仰光），我被日军用暴力强迫当了‘慰安妇’。当时，慰安所里共有50名‘慰安妇’，我的名字被改成了‘原田容女’。一年后，我们被转移到一个叫山奥的村庄。在那里，我们连饭都吃不饱，每天都被日军折磨得死去活来。”

——李晓方：《世纪呐喊——67位幸存慰安妇实录》

（史料）：中国吉林省档案馆解密的六份印尼爪哇宪兵队有关日军“慰安妇”的档案。这些档案既表明了日军在印尼爪哇设立慰安所的事实，也看出日军在慰安所管理上的严格。

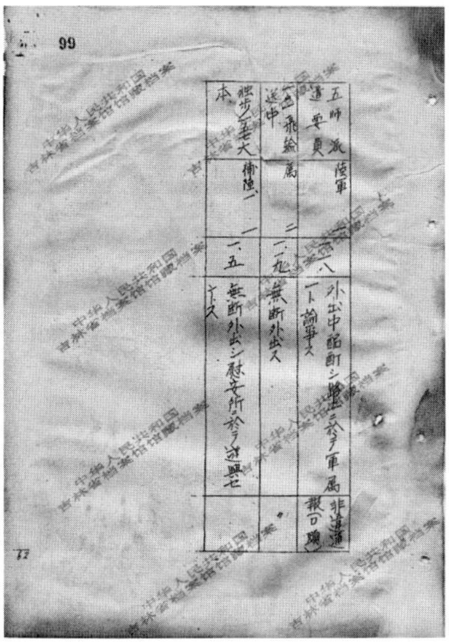

日军爪哇宪兵队本部《宪兵月报（一月）》：

1944年1月5日，独步一五七六部队本部陆军一等兵补，擅自外出到军队“慰安所”寻欢，被通报并口头教育处理。

——吉林省档案馆：《铁证如山》

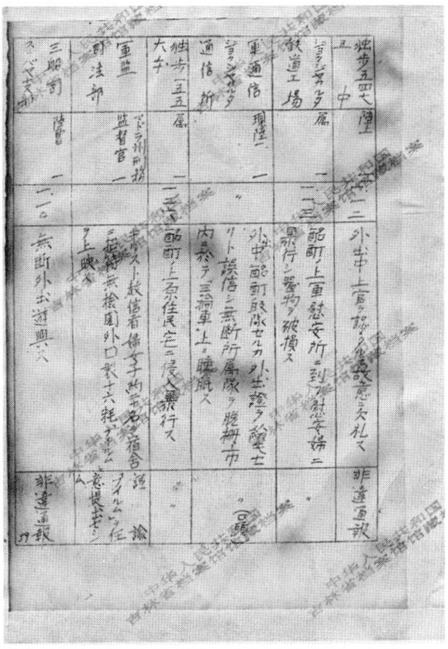

日军爪哇宪兵队本部《宪兵月报（一月）》：

1944年1月13日，日惹铁道工厂日军雇员酒后到军队“慰安所”殴打“慰安妇”，损坏器物，被通报处理。

——吉林省档案馆：《铁证如山》

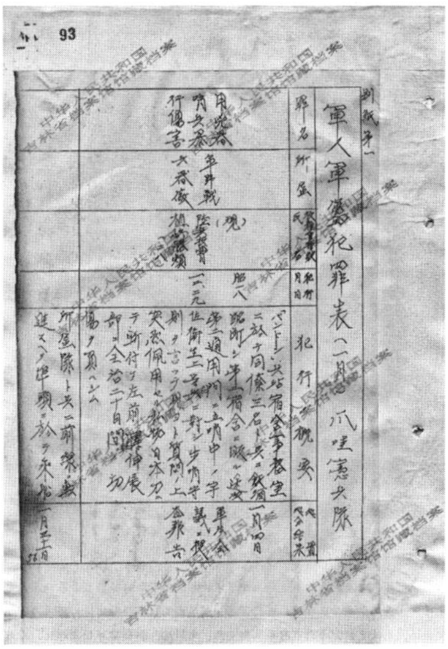

日军爪哇宪兵队军事警察关系《军人军属犯罪表（一月）》：

1944年1月25日，日本陆军一等兵冲野孝次在禁止外出的情况下，到军队“慰安所”寻欢，耽误了出船时间。冲野孝次受到搜查并报告给宪兵部队军事法庭会议长官处理。

——吉林省档案馆：《铁证如山》

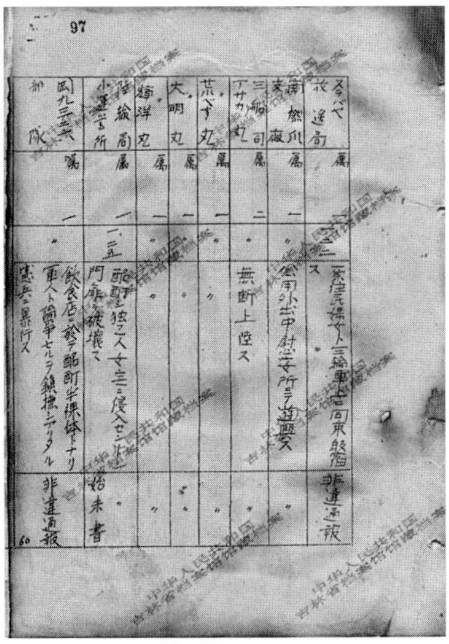

日军爪哇宪兵队本部《宪兵月报（一月）》：

1944年1月22日，南燃爪支厂一名日军雇员利用公出到军队“慰安所”寻欢，被通报处理。

——吉林省档案馆编：《铁证如山》

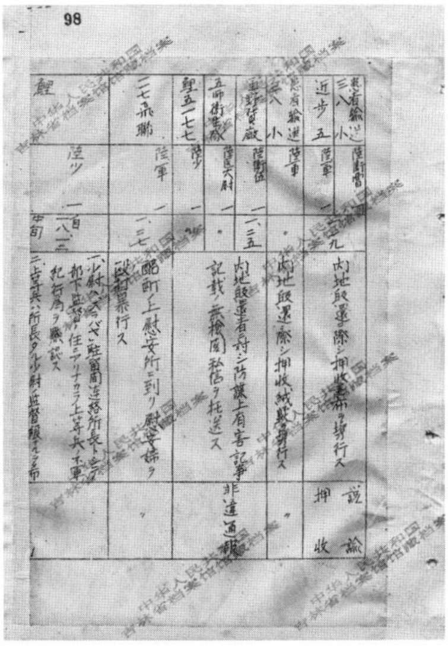

日军爪哇宪兵队本部《宪兵月报（一月）》：

1944年1月27日，驻爪哇二十七飞联的一名日本陆军士兵酒后到军队“慰安所”殴打“慰安妇”施以暴行，被通报处理。

——吉林省档案馆：《铁证如山》

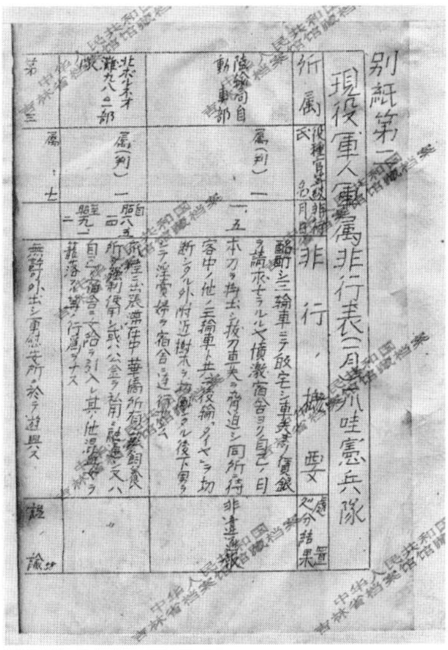

日军爪哇宪兵队本部《宪兵月报（一月）》：

1944年3月5日，第三船舶司未经允许在军队的“慰安所”寻欢，被说服教育。

——吉林省档案馆：《铁证如山》

三、日本本土的慰安所及“慰安妇”

日军在国内设立慰安所始于侵华战争开始时期，且多是由妓院改建而成。太平洋战争爆发后，由于军方的强烈要求，日本国内也建立起日军慰安所。1944 年 2 月 25 日，日本颁布《决战非常措施纲要》，大部分高级餐馆、艺妓馆、青楼等被迫停业，妓院的设施被用到战时服务方面，包括转变为军队的慰安所。

1944 年 11 月 11 日，位于日本长野县松代的大本营地下设施工程开始施工。从 1944 年 12 月开始，日军以每月 100 日元的租金“租”下这所房子，并将其改造成慰安所。4 名 20 岁左右的朝鲜女性被带到这里，成为日军“慰安妇”。

保留至今的原松代大本营日军慰安所内景

——韩国挺身队问题对策协议会：《被掠往侵略战场的慰安妇》

1992 年，韩国“慰安妇”问题研究员尹贞玉教授与李再效女士共同调查松代日军慰安所

——苏智良、陈丽菲：《追索》

被骗往日本的韩国日军“慰安妇”幸存者姜德景。姜德景受欺骗当了女子突击队员，被带至日本后沦为日军“慰安妇”

——李晓方：《世纪呐喊——67 位幸存慰安妇实录》

韩国日军“慰安妇”幸存者姜德景创作的日本松代慰安所绘画作品

——（日）《日本军慰安妇绘画集》

被骗往日本冲绳的韩国日军“慰安妇”幸存者裴奉奇，她是第一个被世界媒体所知晓的韩国“慰安妇”幸存者。裴奉奇被人贩子以“可以赚很多的钱”为诱饵，拐骗到日本冲绳的渡嘉敷岛，成为日军的“慰安妇”。在慰安所里，她被称为“秋子”，每天穿着华丽颜色的和服“接待”日本兵。日本战败投降后，裴奉奇流浪于岛上

——赖采儿等：《沉默的伤痕：日军慰安妇历史影像书》

命运坎坷的韩国日军“慰安妇”幸存者裴奉奇（中）

——苏智良、陈丽菲：《追索》

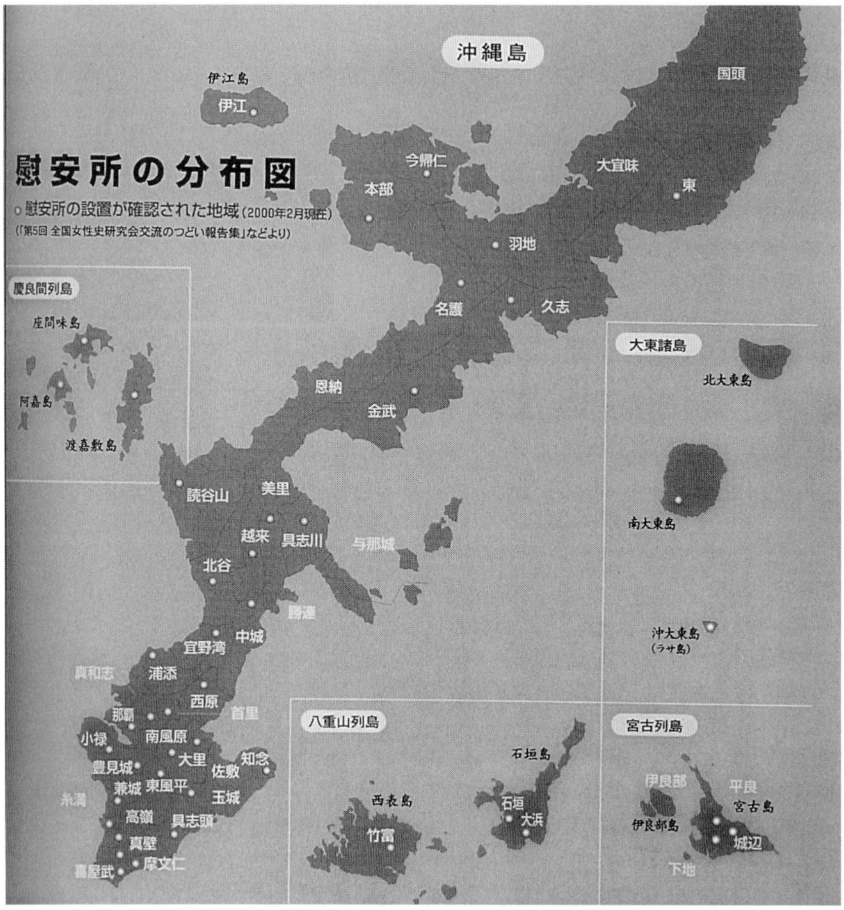

冲绳岛慰安所分布图。从此图中可以清楚地看到，日军在冲绳一地的慰安所就达 40 多处

——《世界抗日战争图志》

美军占领冲绳岛后，在冲绳日军司令部附近发现的日军“慰安妇”多达 10 人

——苏智良 供图

日本九州的一处日军慰安所旧址
——苏智良 供图

（资料）：日本福冈姑娘庆子在日本侵华期间被招募到中国，成为一名日军“慰安妇”，随军到达中国上海、杭州、广东等地，太平洋战争爆发后又随军前往东南亚各地，日本战败后在缅甸被送进俘虏收容所，最后被遣送回日本。

——（日）千田夏光：《随军慰安妇庆子》

四、东南亚各地的日军“慰安妇”

日军占领东南亚各地后，从日本或朝鲜等地强征“慰安妇”赴东南亚战场。同时，日军也从当地征集大量女性充当“慰安妇”。

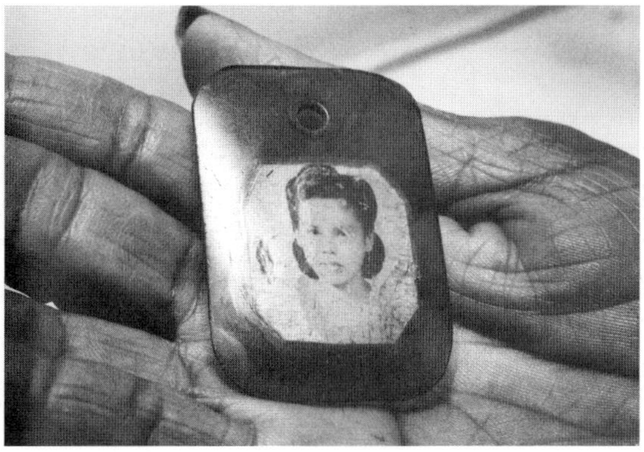

三位菲律宾“慰安妇”，左图为安娜斯塔西娅·科尔特斯（Anastacia Cortes）、中图为朱莉娅·波拉斯（Julia Porras）、右图为胡安妮塔·雅莫（Juanita Jamot）

——苏智良 供图

在印尼万隆的日军慰安所前拍摄的印尼“慰安妇”，人数近 30 人
——赖采儿等：《沉默的伤痕：日军慰安妇历史影像书》

曾被迫充当日军“慰安妇”的印度尼西亚女性，她正在向人们讲述她的不幸遭遇

——苏智良：《慰安妇研究》

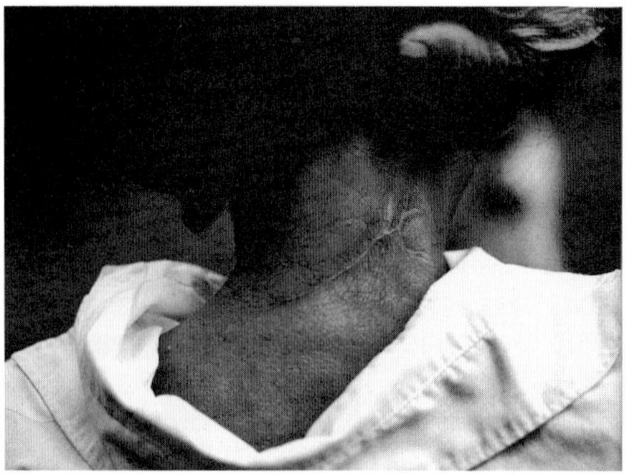

证人证言：菲律宾日军“慰安妇”幸存者罗莎莉欧·诺布韦特证言

日本兵屠杀了当地所有的居民，然后把我带到驻屯区，施以性虐待。后来，日本兵受到美军攻击，在逃亡之前，竟将我们四十个菲律宾“慰安妇”斩首。

——赖采儿等：《沉默的伤痕：日军慰安妇历史影像书》

证人证言：菲律宾日军“慰安妇”幸存者玛丽亚·罗莎·韩森证言

因为无法再勃起，他（日本兵）非常生气，即使强抓我的手去抚摸他的生殖器，还是没有用。但另一个在门外等候的士兵，已不耐地捶打着墙壁催促，这个男人只好离去。但临走前，却使力地揉捏我的乳房、拉扯我的头发。这就是我最常遭遇的处境，每当士兵不满足时，就把怒气发泄到我身上。

——赖采儿等：《沉默的伤痕：日军慰安妇历史影像书》

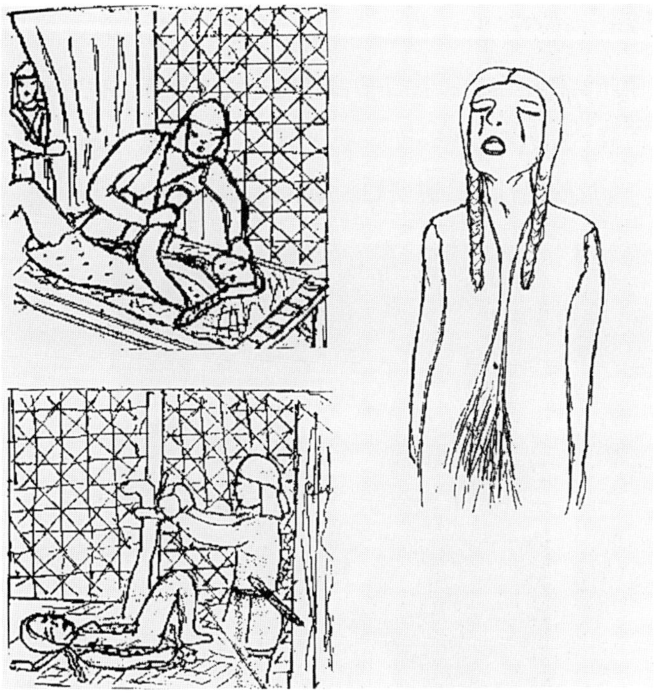

菲律宾日军“慰安妇”幸存者玛丽亚·罗莎·韩森将当年遇害经过画下来

——赖采儿等：《沉默的伤痕：日军慰安妇历史影像书》

证人证言：菲律宾日军“慰安妇”幸存者塔玛莎·莎莉诺格证言

1942 年，家住班奈岛年仅 13 岁的塔玛莎·莎莉诺格，其父亲被日军杀害后，她被抓去送到当地的一个慰安所。她说：“对我伤害最大的是，当时我才 13 岁，就被日军强奸了。那时候，我还没来例假（月经）。”在慰安所里，塔玛莎·莎莉诺格每天必须为大约 4 位日本军人提供性服务，并且还要为日军洗衣服。

——陈丽菲：《日军慰安妇制度批判》

仰光日本人老板与日军“慰安妇”的合影，这所慰安所内有 20 多位“慰安妇”

——苏智良、陈丽菲：《追索》

五、荷兰籍日军“慰安妇”

日军“慰安妇”制度不仅仅在亚裔女性中实施，在日军占领的东南亚地区，也有不少白人女性被迫沦为日军“慰安妇”，其中，包括荷兰籍日军“慰安妇”扬·露芙·奥赫恩（Jan Ruff O'Herne）。这些白人“慰安妇”虽然数量不多，却反映出日军“慰安妇”制度的面广量大。

荷兰籍日军“慰安妇”幸存者扬·露芙·奥赫恩（Jan Ruff O'Herne）。1944年，她被日军强行送入印度尼西亚的“七海之家”慰安所，在那里充当3个月日军“慰安妇”

——苏智良 供图

1992年12月，在东京国际听证会上，扬·露芙·奥赫恩（Jan Ruff O'Herne）第一次把自己充当日军“慰安妇”的经历告诉了全世界

——苏智良 供图

证人证言：1992年12月，荷兰籍日军“慰安妇”扬·露芙·奥赫恩出席东京国际听证会时作证

三桥（日军军官）撕开我的衣服，并把它们脱掉，当我裸体躺在床上的时候，他慢慢把他的匕首在我身上上上下下地划来划去。他脱去了衣服压到了我的身上，我在他的身下显得无能为力。我试图把他打下去，而且还在抓他。但是他太强壮了。在他强奸我的时候，我的泪水流了出来，而他好像没完没了。

——陈丽菲：《日军慰安妇制度批判》

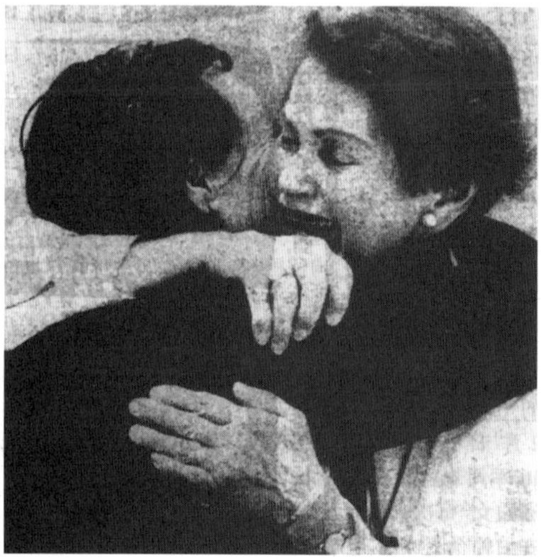

荷兰籍日军“慰安妇”幸存者扬·露芙·奥赫恩（Jan Ruff O'Herne）与中国日军“慰安妇”幸存者万爱花见面

——苏智良：《慰安妇研究》

Women's International War Crimes Tribunal
on Japan's Military Sexual Slavery
日本軍性奴隷制を裁く　女性国際戦犯法廷
December 8 - 12 2000 Tokyo Japan

20 世纪 80 年代以来，在中、日、韩有良知的学者和社会人士推动下，日军“慰安妇”问题的真相逐渐公之于世，有关日军“慰安妇”制度的档案资料也相继被发现，国际社会日益关注二战日军“慰安妇”问题。但日本方面极力否认“慰安妇”史实，这引起了曾遭受侵害的国家及其民众的强烈愤慨，也招致了国际社会的广泛批评。2014 年 3 月，中国六家档案馆联合将“慰安妇”历史档案申报世界记忆遗产名录，旨在让世界民众对这段历史有更深入的了解，从而更好地维护女性的人权。

一、日本右翼势力否认“慰安妇”历史

1993 年 8 月 4 日，时任日本内阁官房长官河野洋平发表谈话，承认日本在很长一段时期内，在很多地方设置了日军慰安所，这一度成为日本政府在“慰安妇”问题上的基本立场。此后，日本政府就此停止不前。尤其是近些年来，部分日本政要和右翼势力一再发表错误言论，否认日军“慰安妇”制度的历史罪行。

时任日本内阁官房长官河野洋平就日军“慰安妇”问题调查结果发表谈话

日本右翼势力宣传车用黑色装饰、白字标语，贴着太阳旗，顶层装高音喇叭，喧嚣街头。凡涉战争遗留问题的国际活动场合，无一例外地受到右翼势力的干扰和破坏

2007 年 3 月 1 日，日本首相安倍晋三称：“当年日军强迫亚洲妇女充当‘慰安妇’缺少证据。”此言论再次引起亚洲各国民众的强烈抗议

TodayDailyNews.com 現代日報　綜合要聞　2007年03月03日 星期六 A02

安倍晉三否認慰安婦史實
華社促渥京公開譴責日本

■李容洙二戰期間被日軍擄到台灣做慰安婦，談及當年辛酸事件，不禁淚流滿面。 （美聯社）

日本首相否認其國家當年強迫數以萬計亞洲婦女，在第二次世界大戰中淪為性奴隸的「慰安婦」，華裔加人政客及社區領袖要求聯邦政府公開譴責。 ■綜合報道

新民主黨國會議員鄒至蕙說：「我們應該出來說話及作出譴責。」她已致函日本政府，請求停止對仍然在世性奴隸的賠償進行上訴。

鄒至蕙在信中說，如果正義不能得到伸張，不承認過去的罪行，歷史的悲劇可能會重演。

中國婦女佔半

據文獻資料，在日本佔據其鄰國期間，有8萬至20萬名婦女被擄，並強當軍人的性奴隸，其中多達半數是中國人，但確實數字仍受爭議。其他婦女來自韓國、菲律賓及越南等。日本首相安倍晉三周四聲稱沒有證據顯示，戰爭期間有婦女被逼當所謂「慰安婦」。

保守黨國會議員麥鼎鴻表示震驚，他希望哈珀總理譴責他的言論。他說：「這與否認納粹大屠殺如出一轍，這是反人道的戰爭罪行。」

全加華人協進會創會會長王裕佳指出，戰爭罪行在西方有一套雙重標準，西方政客迅速譴責納粹大屠殺的否認者，但對於否認南京大屠殺，以及稱慰安婦出於自願的日本右翼政客，他們卻那麼沉默。

小田拒絕置評

由於加拿大的學校課程太集中於歐洲歷史，他擔憂加國公眾不會明白安倍晉三的否認有多嚴重。他說，這是超出多元文化範圍的教育，每個人都應去認識此等對人權的嚴重侵犯。

加國唯一日裔國會議員小田(Bev Oda)拒絕置評。

安倍晉三的言論抵觸了於1992年所發掘的日本史料，當中有證據顯示軍方直接參與慰安站的設立。受害人及她們的支持者得不到日本政府的正式賠償，日本於1995年設立一個私人基金，拒絕以政府金錢來賠償。

81歲的馬尼拉老婦布斯塔曼特(Hilaria Bustamante)說，她於1942年16歲時為日軍當性奴隸，當了一年。安倍晉三的言論激怒了她。「他們以為我們就像衛生紙，可以用完即棄。」

■李容洙二戰期間被日軍擄到台灣做慰安婦，當時她年僅14歲。她日前接受採訪時向記者出示自己當年的照片。 （美聯社）

斥圖「瞞天過海」

王裕佳籲全球關注日侵略真相

【本報訊】日本首相安倍晉三及一些執政黨議員日前以「沒有證據」為藉口，企圖否定第二次世界大戰期間日軍強徵「慰安婦」的史實。

加拿大抗日戰爭史實維護會會長王裕佳（圖）斥責日本政府這種企圖「瞞天過海」，對歷史不負責的行徑，表示「慰安婦」鐵證如山不容抵賴。

王裕佳同時呼籲全世界關注二戰日本侵略亞洲真相，還歷史以公正。

有系統有計劃強徵

王裕佳表示，在二次世界大戰中，日本軍隊強迫亞洲被侵略國婦女充當「慰安婦」，這是二戰歷史的一個重要部分，當時日本軍隊強徵「慰安婦」完全是有系統、有計劃的行為，戰後揭露的許多日軍文件中都有這方面的證據。中國、韓國、菲律賓等亞洲國家，都有婦女站出來訴說她們被強迫做「慰安婦」給她們帶來的終身痛苦，用親身的經歷指證日軍對她們犯下的滔天罪行。日本軍國主義在戰爭中的罪惡行徑鐵證如山不容抵賴。

王裕佳還表示，一直以來，西方國家對二戰中日本在亞洲犯下的戰爭罪行不聞不問，給日本政府以可乘之機，大肆掩蓋歷史，篡改歷史，企圖隻手遮天，瞞天過海。

面對日本政府這種對歷史不負責的做法，全世界有良知的人應該行動起來，從各種途徑用各種方式揭露歷史真相，並向全世界的青少年宣傳這段歷史，令日軍的戰爭罪行無從掩蓋和篡改。

努力還原歷史真相

史維會目前正在拍攝一部從美國華裔女作家張純如的視角反映南京大屠殺歷史的影片，就是在做還原歷史真相的努力。

據中國新華網報道，美國眾議院外交關係委員會曾通過一項議案，要求日本政府正式承認在二戰期間強迫數以萬計的亞洲婦女充當日軍「慰安婦」的事實，並就此道歉。日本首相安倍3月1日晚表示，沒有證據證明當初存在強迫行為是事實。

■2007年2月15日，在美國首都華盛頓，來自韓國和澳大利亞的3位「慰安婦」幸存者李容洙(前左一)、金君子(前右二)和闊拉夫奧赫恩(前右一)出席聽證會。當日，美國國會眾議院外交關係委員會所屬的有關小組，在華盛頓就日本在二戰期間強徵大量亞洲其他國家婦女充當日軍「慰安婦」的問題舉行聽證會，居住在韓國和澳洲的3名「慰安婦」倖存者，分別講述她們被強迫充當日軍「慰安婦」的慘痛經歷。 (資料圖片)

大多倫多天氣預測

3月3日 星期六
密雲飄雪 最高：-1°c 最低：-2°c

明天 星期日 晴間陰

後天 星期一 晴間飄雪

風寒系數：-8

北美部分城市天氣預測				世界部分城市天氣預測			
城市	最高	最低	預測	城市	最高	最低	預測
卡加利	9	-1	晴	香港	24	20	晴間雲
愛蒙頓	7	-5	晴間雲	台北	25	21	晴
溫尼辟	-9	-17	晴間雲	北京	6	6	密雲雨
溫哥華	9	6	密雲雨	上海	19	14	密雲雨
渥太華	1	-2	密雲飄雪	廣州	25	21	晴間雲
滿地可	2	-2	密雲飄雪	新加坡	30	26	密雲
三藩市	18	10	晴間陰	東京	14	12	晴間陰
洛杉磯	23	9	晴	悉尼	30	25	晴
紐約	11	2	晴間雲	倫敦	11	8	晴間雨

否認強徵慰安婦 安倍遭炮轟

日本首相安倍晉三（圖）扭曲歷史，聲稱沒有證據顯示日軍在第二次世界大戰時強迫淪陷地區的婦女當慰安婦，他的言論惹起受害婦女和女性權益組織的憤怒，中國外交部指日本強徵慰安婦是不能抵賴的事實。

美國眾議院外交關係委員會通過議案，促請日本政府承認日軍在戰時強迫婦女當慰安婦，並予以道歉，首相安倍晉三前日回應時否認日軍有強徵慰安婦，「最初所認定的強迫行為，並不獲證據支持」。

河野洋平93年曾認錯

日軍在二戰侵略亞洲國家期間於各地設慰安所，歷史學家估計軍方強迫20萬名婦女當慰安婦，當中大部分是中國和朝鮮半島的婦女。在1993年8月4日，當時的內閣官房長官河野洋平承認日本曾應軍方要求設置慰安所，還表示政府不會迴避歷史，會視之為教訓，是為「河野談話」。安倍去年10月曾表示繼承河野在慰安婦問題的立場，但他在不足5個月後竟出爾反爾。

另外《讀賣新聞》報道，部分自由民主黨成員也以「沒有發現文件記錄」為藉口，辯稱軍隊和官方沒有綁架婦女當慰安婦，慫恿政府改寫相當於官方道歉的「河野談話」，他們稱「河野談話」有損日本形象。

中方指歷史不容抵賴

中國外交部發言人劉建超強調，強徵慰安婦是日本軍國主義在二戰時犯下的嚴重罪行，這是不能抵賴的事實，日方應該以誠實的態度正視歷史，深刻反省，妥善處理歷史遺留的問題。美國副國務卿內格羅蓬特沒有直接評論安倍的言論，只是說日軍強暴婦女的行徑「應受譴責」，認為這是日本應該與鄰國處理的問題。

■美聯社/新華社

日官員談慰安婦問題

■2005年7月10日：文部科學相中山成彬強調，許多日本青年認為根本不存在慰安婦問題。

■2005年4月3日：極右團體新歷史教科書編寫會，欲在美化日本帝國主義侵略行為的歷史教科書通過審查後，進行大力推廣，當時擔任自民黨幹事長的安倍晉三曾表示支持，並辯稱強徵慰安婦是編造的。

■2005年1月26日：前首相村山富市說，決定停止專門用來向慰安婦提供賠償的亞洲女性基金，並指這基金已經完成原定任務。

■2004年12月3日：前內閣官房長官細田博之會見當年的隨軍慰安婦，對她們表示由衷道歉和反省。

■綜合報道

日本首相安倍晋三在日军“慰安妇”问题上的否认态度，引发了国际华人社会的强烈抗议。图为加拿大华人社会公开谴责安倍晋三言行的报道

2013年5月13日，日本大阪市长桥下彻提出“在战争期间，‘慰安妇’制度是保持军纪所必需”的“‘慰安妇’必要论”，引发国际舆论猛烈批评

2013年5月13日，二战时期的韩国籍日军“慰安妇”幸存者及支持者在日本驻韩使馆前示威，抗议日本大阪市长桥下彻有关“慰安妇”的言论

2013年5月14日，中华人民共和国外交部发言人洪磊在例行记者会上答问时表示，中方对日本政治人物发表公然挑战历史正义和人类良知的言论表示震惊和强烈愤慨

二、日军“慰安妇”幸存者的控诉

自20世纪90年代起，中国、韩国、菲律宾等国的日军“慰安妇”制度的受害者们，开始用法律手段清算二战时期日本政府对亚洲部分妇女犯下的性奴隶罪行。她们不断向日本各地法院提起诉讼，要求日本政府道歉并赔偿，结果却是无一胜诉。

1991–2010年间各国“慰安妇”受害者起诉日本政府案件一览

日期	地点	原告	被告	结果
1991.12.6	东京地方法院	韩国受害者金学顺等	日本政府	败诉
1992.12.25 1998.5.1 2001.4.12	山口地方法院 广岛高等法院 广岛最高法院	韩国釜山受害者	日本政府	1998.4.27 一审驳回 2001.3.29 二审驳回 2003.3.25 终审判决驳回
1993.4.2 1998.10.23 2000.12.20	东京地方法院 东京高等法院 东京最高法院	菲律宾受害者46人	日本政府	1998.10.9 一审驳回 2000.12.6 二审驳回 2003.12.25 终审判决驳回
1993.4.5 1999.10.7 2000.12.12	东京地方法院 东京高等法院 东京最高法院	在日韩人受害者宋神道	日本政府	1999.10 一审驳回 2000.11.30 二审驳回 2003.3.28 终审判决驳回
1995.8.7 2001.6.12 2004.12.27	东京地方法院 东京高等法院 东京最高法院	中国受害者刘秀梅、刘面换、陈林桃、周喜香	日本政府	2001.5.30 一审驳回 2004.12.15 二审驳回 2007.3.27 终审判决驳回
1996.2.23 2002 2005	东京地方法院 东京高等法院 东京最高法院	中国受害者郭喜翠、侯巧莲	日本政府	2002.3.29 一审驳回 2005.3.18 二审驳回 2007.4.27 终审驳回
1997.4.14 2000 2002	静冈地方法院 东京高等法院 东京最高法院	韩国受害者原女子挺身队	日本政府	2000.1.27 一审驳回 2002.1.15 二审驳回 2003.3.27 终审判决驳回
1998.10.30 2002.5.8 2003.4	东京地方法院 东京高等法院 东京最高法院	中国受害者万爱花等10人	日本政府	2003.4.24 一审驳回 2005.3.31 二审驳回 2005.11.18 终审判决驳回
1999.3.1 2005.3.9	名古屋地方法院 名古屋地方法院	朝鲜女子勤劳挺身队	日本政府	2005.2.24 一审驳回 进入上诉阶段
1999.7.14 2002.10 2004.2.18	东京地方法院 东京高等法院 东京最高法院	中国台湾受害者大桃阿嬷等9人	日本政府	2002.10.1 一审驳 2004.2.9 二审驳 2005.2.25 终审判决驳回
2001.7.16	东京地方法院 东京高等法院 东京最高法院	中国海南受害者黄有良、林亚金等8人	日本政府	2006.8.30 一审驳回 2009.3.26 二审驳回 2010.3.2 终审判决驳回

——苏智良 提供

亚洲第一个勇敢站出来承认自己有过日军“慰安妇”受害经历的韩国受害者金学顺（左）

——李晓方：《世纪呐喊——67 位幸存慰安妇实录》

1992 年 12 月，东京国际听证会会场内，来自朝鲜和韩国的日军“慰安妇”幸存者相互拥抱

——（日）吉见义明：《从军慰安妇》

韩国籍日军“慰安妇”幸存者在日本驻韩大使馆前揭露日军当年的罪行

——李晓方：《世纪呐喊——67 位幸存慰安妇实录》

2014 年 1 月 10 日，韩国籍日军“慰安妇”幸存者及其支持者在首尔日本驻韩大使馆前示威

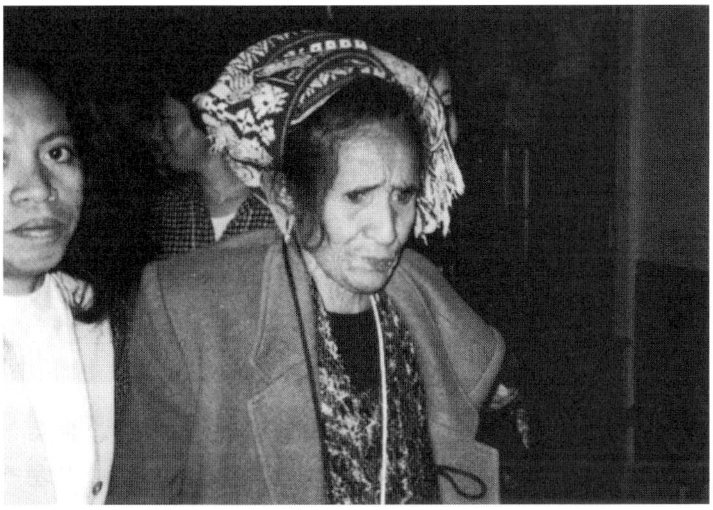

东帝汶的日军“慰安妇”幸存者到东京起诉日本政府

——陈丽菲：《日军慰安妇制度批判》

在马尼拉召开的国际会议上，来自菲律宾的日军性奴隶制幸存者们讲述她们战时的遭遇

——陈丽菲：《日军慰安妇制度批判》

1992年12月，在东京国际听证会上，扬·露芙第一次把自己被迫充当日军“慰安妇”的经历告诉了全世界

——苏智良 供图

1992 年 12 月，在日本东京举行的“战争受害女性国际听证会”上，中国山西省日军“慰安妇”幸存者万爱花（右二）控诉侵华日军性暴力罪行

——苏智良 供图

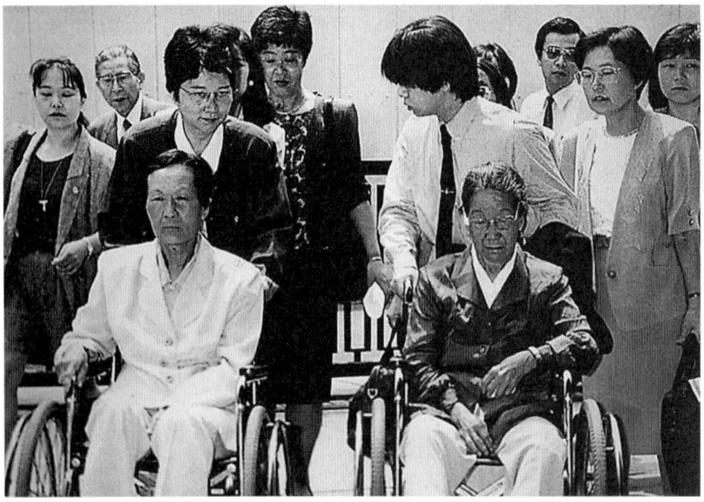

中国山西省日军“慰安妇”幸存者刘面换和受害姐妹周喜香（前排右）到日本东京参加庭审

——李晓方：《世纪呐喊——67 位幸存慰安妇实录》

中国海南省最早站出来起诉日本政府的日军“慰安妇”幸存者黄有良和姐妹们在日本东京记者招待会上揭露日军当年的暴行

——李晓方：《世纪呐喊——67 位幸存慰安妇实录》

中国海南省日军“慰安妇”幸存者在日本东京游行示威，抗议日本地方法院的不公正判决

——李晓方：《世纪呐喊——67 位幸存慰安妇实录》

中国海南省日军“慰安妇”幸存者黄有良（右）和陈亚扁穿着民族服装，打出她们亲手绣有“讨还血债，谢罪赔偿”的织品，控诉侵华日军的暴行

——李晓方:《世纪呐喊——67 位幸存慰安妇实录》

1999 年，中国台湾日军“慰安妇”阿嬷“要求日本政府损害赔偿诉讼”案开庭，阿嬷们认为这是挣回公道的希望之路，因为法律总会给受害人一个公道

——赖采儿等：《沉默的伤痕：日军慰安妇历史影像书》

1999 年 7 月，9 名中国台湾“慰安妇”幸存者代表台湾地区“慰安妇”阿嬷，针对日军在二战期间强押台湾妇女充当从军“慰安妇”的罪行，正式向东京地方法院提起诉讼。2002 年 10 月 15 日、2004 年 2 月 9 日、2005 年 2 月 25 日，该案先后在东京地方法院、东京高等法院和日本最高法院败诉

——李晓方：《世纪呐喊——67 位幸存慰安妇实录》

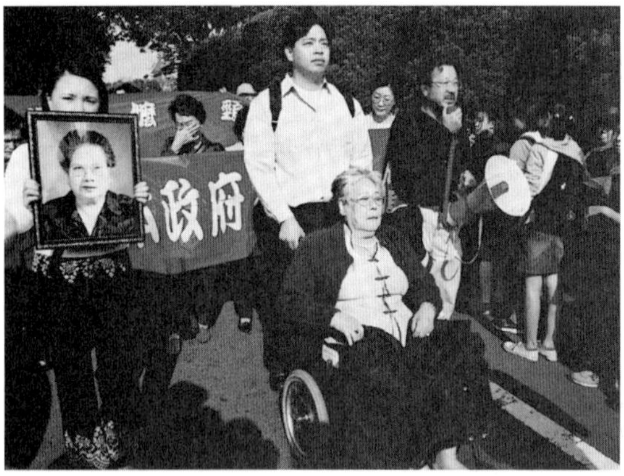

二审败诉的原告之一大桃阿嬷表示坐轮椅也要到东京抗议（左图）。李玉串阿嬷的孙女杨淑如捧着其遗像，和支援团体在街头游行（右图）

——赖采儿等：《沉默的伤痕：日军慰安妇历史影像书》

三、国际社会关注日军“慰安妇”问题

国际社会日益关注日军“慰安妇”问题，敦促日本政府尽快、彻底承认所犯错误，谢罪并赔偿。1997 年 4 月 1 日，联合国法律专家向联合国人权委员会提交了《关于战时性奴隶》的报告。2000 年 12 月 8 日至 12 日，“审判日军性奴隶制的女性国际战犯法庭”在东京开庭。2007 年美众议院外委会以压倒性优势通过日军“慰安妇”决议，要求日本正式道歉。加拿大、荷兰等国也要求日本就“慰安妇”暴行做出解释、正式道歉和赔偿。

国际社会谴责与起诉日军“慰安妇”罪行

时间	事　件
1992	韩国受害者开始每周三在日本大使馆前举行抗议活动
1995	中国受害者在东京地方法院起诉
1996	联合国人权委员会关于“慰安妇”——性奴隶的报告 美国《时代》周刊登载了名为《慰安妇：日本卸不掉的历史包袱》的报道，首次向西方读者揭露日军“慰安妇”制度的真相。
2000	东京审判“慰安妇”制度民间法庭活动
2001	海牙审判“慰安妇”制度民间法庭终审活动
2007	美国众议院通过了121号议案，谴责日本在二战期间强征亚洲其他国家妇女充当日军“慰安妇”。
	荷兰议会下院全票通过一项动议，要求日本就二战期间强征“慰安妇”一事道歉，并对幸存者进行赔偿。
	加拿大国会下议院全票通过决议案，要求日本为二次大战期间强迫二十多万亚洲妇女充当军妓一事道歉
	欧洲议会通过了一项决议案，要求日本政府正式就“慰安妇”问题道歉，并对受害者及其家属给予经济赔偿。
	菲律宾国会议员提出议案，要求日本道歉。
	中华人民共和国外交部部长李肇星在十届全国人大五次会议记者招待会上指出，强征“慰安妇”是日本在第二次世界大战中所犯的严重罪行之一，日本政府应该承认历史事实。
2008	韩国国会等决议
2012	美国国务卿希拉里关于“慰安妇”就是性奴隶的发言
	韩国国会通过议案，要求日本道歉。
2013	韩国总统朴槿惠表示韩国人民对日本拒绝道歉表示不满。
2014	联合国人权理事会发表《日本人权审查结论》报告，认为日本应该为二战期间的“慰安妇”问题承担责任。
	中华人民共和国外交部发言人秦刚在记者会上称：“强征‘慰安妇’是日本军国主义的严重反人道罪行”。
	在联合国总部举行的第58届妇女地位委员会会议上，中华人民共和国常驻联合国副代表王民谴责了日本军队在二战期间强征“慰安妇”的罪行
	美国参议院表决通过包括“慰安妇”问题的美国政府2014财年预算法案，该决议案谴责日本在二战期间强征亚洲各国妇女充当日军性奴隶，要求日本就“慰安妇”问题负起历史及政治责任、做出正式道歉。
	中华人民共和国外交部发言人华春莹在记者会上说，中国一直积极参与世界记忆名录的申报，目前已有9份文献遗产入选名录。中方此次申报的南京大屠杀和日军强征“慰安妇”相关历史档案“真实、珍贵，具有重要历史价值”，符合有关申报标准。申报目的是“牢记历史，珍惜和平，捍卫人类尊严，以防止此类违人道、侵人权、反人类的行为在今后重演”。
2015	德国总理默克尔访问日本，敦促其承认“慰安妇”问题。

审判日军性奴隶制的女性国际战犯法庭

为了向国际社会揭露日本政府拖延、拒绝谢罪和赔偿的阴谋，让更多人关注、了解日军在二战时期犯下的罪行，2000 年 12 月 8 日至 12 日，“审判日军性奴隶制的女性国际战犯法庭”在东京开庭。中国、朝鲜、韩国、菲律宾、印度尼西亚、马来西亚等国家分别组成了代表团参加，英国、美国、日本、澳大利亚、肯尼亚、国际海牙法庭、国际律师协会等资深法官、律师出席并主持了该民间法庭的审判活动。中国代表团成员 35 人，团长为中国慰安妇问题研究中心主任苏智良，侵华日军南京大屠杀遇难同胞纪念馆馆长朱成山出庭为性暴力受害者杨明贞辩护。世界上有 143 家新闻媒体的 305 名记者采访了此次法庭的审判活动，被称为“世纪大审判”。该法庭最终裁定日本昭和天皇裕仁犯有反人道主义罪，并提出日本政府应向日军性奴隶制度受害者做出道歉和赔偿等八项劝告。2001 年 12 月，该法庭在荷兰的海牙举行终审判决，最终确认一审判决有效。

“审判日军性奴隶制的女性国际战犯法庭”筹备会在菲律宾首都马尼拉举行。左起为美国检察官、日本的松井耶依、菲律宾的英代和韩国的尹贞玉

——苏智良 供图

日本政府原众议院议长、著名女性政治家土井多贺子出席了“女性国际战犯法庭”活动。图为她在开幕式上对来自世界各地的受害者致慰问词

——苏智良 供图

“审判日军性奴隶制的女性国际战犯法庭”场景

——苏智良 供图

来自中国大陆的受害者（左起依次为袁竹林、万爱花、郭喜翠、李秀梅）

——苏智良 供图

中国大陆代表团全体成员合影

——苏智良 供图

2007 年 1 月 31 日，美国众议院议员迈克·本田向美国众议院提交了“日军慰安妇法案”（HR-121），表达众议院在日军“慰安妇”问题上的关切，要求日本对“慰安妇”问题正式做出明白和明确的道歉

美众议院外委会以压倒性优势通过“慰安妇”决议

要求日本正式道歉

本报华盛顿 6 月 27 日专电（首席记者**朱幸福**）美国众议院外委会 26 日以 39 票对 2 票的压倒性优势通过一项决议，要求日本政府就二战期间在远东迫使大约 20 万名外国妇女充当“慰安妇”一事做出正式道歉。

这一投票结果赢得了全场听众的热烈掌声，一些在场的韩国“慰安妇”也激动得泪珠在眼眶里打转。这项决议案可能于今年 7 月在众议院进行表决。尽管没有法律约束力，但这一决议案的通过象征意义大于实际意义，是代表民意的美国国会对日本这个在历史问题上至今执迷不悟的盟友的当头一记闷棍。

众议长佩洛西在外委会投票后对媒体表示，她希望众议院通过这个决议案，以此向日本政府发出一个强烈的信息，那就是“我们不会忘记慰安妇们所承受的恐惧和苦难。”她说，这些“慰安妇”已经等待了很久很久，日本政府拿出勇气来承认“慰安妇”一事还不算太晚。外委会主席兰托斯表示，战后的德国已经作出正确的决定，而日本却一直积极活动试图让人们忘记这段非人道的历史。他指出，日本拒绝正式道歉令所有珍惜美日关系的人们感到不安。

7 月面临选举的日本首相安倍晋三拒绝对美国众院外委会通过的决议案发表评论，声称美日关系是“不可动摇”的。但是美国主流媒体认为，安倍到时将不得不作出某种反应，躲是躲不过去的。

美众议院外委会以压倒性优势通过日军“慰安妇”决议，要求日本正式道歉

——《文汇报》2007 年 6 月 28 日

2013 年 7 月 30 日，韩国“慰安妇”少女像在美国格伦代尔中央公园揭幕，这是雕像首次在韩国以外的地方亮相

四、日军“慰安妇”问题与世界记忆遗产

1998 年，由韩国民间人士捐资为本国日军“慰安妇”幸存者建立生活之家——“分享之家”。1999 年，上海师范大学中国慰安妇问题研究中心正式成立，有力地推动了中国“慰安妇”问题的调查研究。2014 年 3 月，中国六家档案馆联合将《“慰安妇”——日军性奴隶档案》向联合国教科文组织申报了世界记忆遗产名录。韩国女性家族部也宣布，拟将分布在韩国、中国和东南亚地区的日军“慰安妇”记录申遗。

1998 年，由韩国佛教界人士和国民捐款，为本国日军“慰安妇”建立的生活之家——“分享之家”。图为“分享之家”为去世的老人立起的铜像

——李晓方 供图

坐落在“分享之家”大门两边的日军“慰安妇”陈列馆，记录了第二次世界大战期间，韩国女性受日军迫害成“慰安妇”的历史。馆内展示包括“慰安妇”相关史料、幸存者证言、日军性奴隶制度文件和受害幸存者的艺术创作等

——李晓方：《世纪呐喊——67位幸存慰安妇实录》

韩国中学生在“分享之家”里聆听日军“慰安妇”幸存者讲述受害经历

——李晓方：《世纪呐喊——67位幸存慰安妇实录》

韩国挺身队研究会于1990年7月正式成立，是亚洲地区较有影响的对日本征用“慰安妇”问题进行调查研究的机构。图为创立者为尹贞玉女士

——（韩）韩国挺身队问题对策协议会等：《被掠往侵略战场的慰安妇》

1998年4月17日至17日，第五次日军“慰安妇”问题亚洲连带会议在韩国首尔举行

——赖采儿等：《沉默的伤痕：日军慰安妇历史影像书》

2002年5月3日至5日，由朝鲜太平洋战争赔偿对策委员会主办的清算日本过去国际学术会议在平壤市举行。会上，来自朝鲜、韩国、菲律宾和中国台湾等地的“慰安妇”幸存者讲述了被强逼为日军性奴隶的苦难经历

吉见义明，日本中央大学教授，自1992年起，致力于“慰安妇”问题研究，编辑出版《从军慰安妇资料集》，著有《从军慰安妇》《日军“慰安妇”制度究竟是什么》等相关著作

林博史，日本关东学院大学教授，致力研究“慰安妇”问题研究，著有《共同研究 日军慰安妇》《慰安妇——战时性暴力的真相Ⅱ》等著作

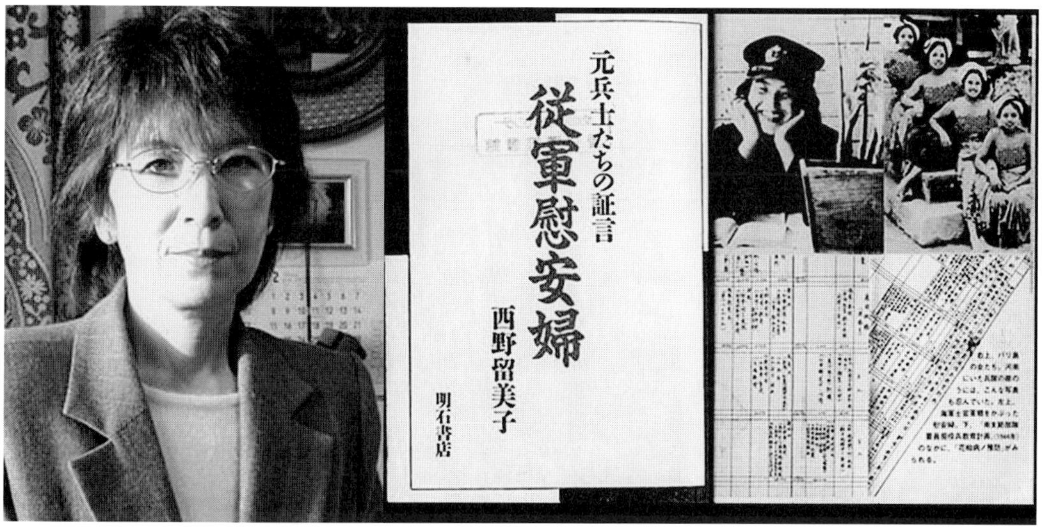

西野瑠美子，自1980年起，开始对“慰安妇”问题进行调查，著有《从军慰安妇——原日本士兵的证言》《从军慰安妇与十五年战争》《慰安妇——战时性暴力的真相Ⅱ》等相关著作

2003年11月26日，日本西野瑠美子女士（左三）在云南松山调查采访

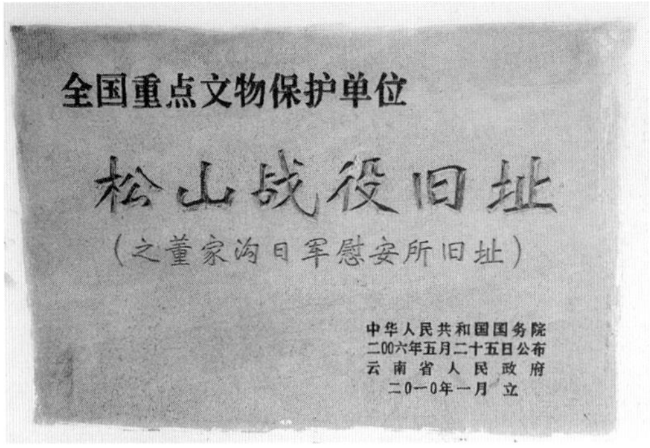

2003 年 12 月，云南省保山市龙陵县董家沟日军慰安所旧址被列为“云南省文物保护单位”。2006 年 5 月，含该慰安所旧址在内的“松山战役旧址”被列为“全国重点文物保护单位”。2010 年，董家沟日军慰安所遗址建成后对外开放

——侵华日军南京大屠杀遇难同胞纪念馆藏片

2003 年 11 月，由中、日、朝三国民间组织联合组织了日军“慰安妇”幸存者朴永心赴南京、云南等地寻证的活动。图为 11 月 29 日，朴永心在腾冲指认慰安所

——侵华日军南京大屠杀遇难同胞纪念馆藏片

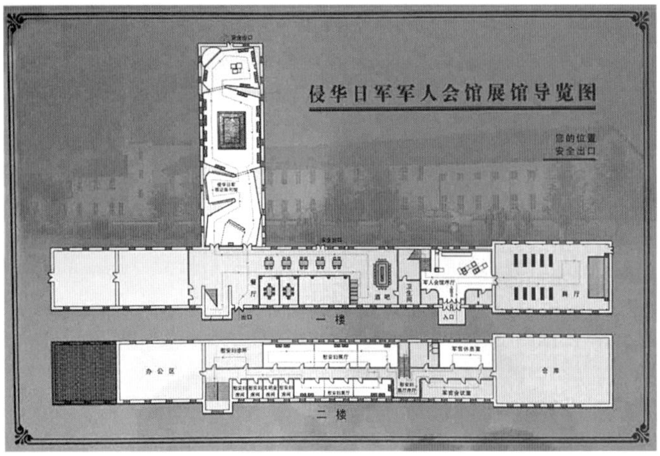

建立在日军慰安所旧址上的黑龙江黑河市孙吴县“日本关东军军人会馆”遗址陈列馆

——侵华日军南京大屠杀遇难同胞纪念馆藏片

2000年3月底，"中国'慰安妇'问题国际学术研讨会"在上海召开

——苏智良 供图

2014年2月8日至9日，亚洲日军"慰安妇"问题工作会议暨"日本侵华战争'慰安妇'资料的整理与研究"开题会在上海师范大学举行

上海师范大学苏智良教授从1992年开始搜集二战期间日军"慰安妇"受害者资料，着手研究"慰安妇"问题，并在该校成立了中国慰安妇问题研究中心，编撰了《慰安妇研究》《上海日军慰安所实录》等一系列有关"慰安妇"问题的研究著作

上海师范大学中国慰安妇问题研究中心成员陈丽菲教授（左一）在山西采访日军“慰安妇”幸存者

2007年7月5日，在中国“慰安妇”资料馆的开馆仪式上，“慰安妇”幸存者林亚金（左一）、韦绍兰（左二）、万爱花（左三）在展板前合影

2015年6月30日，“血色残阳‘慰安妇’——日军性奴隶历史记忆展览”在上海师范大学开幕

——苏智良 供图

山西省乡村教师张双兵从1992年起走访并整理了100多位日军“慰安妇”幸存者的口述记录，编写出版《炮楼里的女人——山西日军性奴隶调查实录》

浙江省文广新局干部李晓方，先后在山西、江苏、海南等10个省份及韩国寻访到100多名日军“慰安妇”幸存者。图为李晓方在广西壮族自治区采访日军“慰安妇”幸存者何玉珍老人

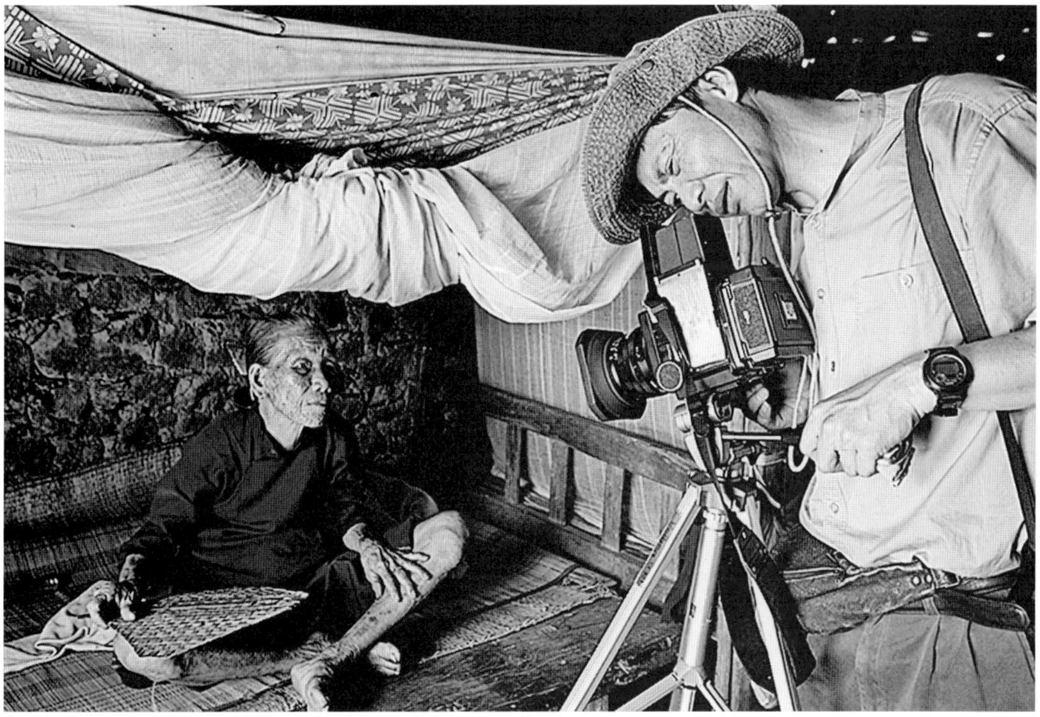

从2005年起，时任《中国日报》海南记者站站长黄一鸣，先后寻访并跟踪拍摄了20多位海南省日军“慰安妇”幸存者。图为黄一鸣在澄迈采访日军“慰安妇”幸存者蔡爱花

1997 年 8 月 30 日，第四次日军“慰安妇”问题亚洲连带会议在台北举行

——赖采儿等：《沉默的伤痕：日军慰安妇历史影像书》

2002 年，台湾开展推动日军“慰安妇史实纳入高中历史教科书”运动，同时不定期到高中或大学校园作专题宣传，让日军“慰安妇”幸存者和学生面对面互动，希望更多年轻一代能了解此历史事件

——赖采儿等：《沉默的伤痕：日军慰安妇历史影像书》

后 记

1945年8月15日，日本战败投降，罪恶的日军“慰安妇”制度随之消亡。然而，日军在战时实施的“慰安妇”制度，给中国、韩国等众多被侵略国家妇女带来的难以磨灭的身心创伤，并没有随着战争的结束而停止，梦魇记忆伴随了“慰安妇”幸存者们的一生。

历史不能忘记，罪责不容否认。时至今日，日本右翼势力仍在极力否认战时实施“慰安妇”制度的历史，企图推卸罪责，这是对日军“慰安妇”幸存者们的二次伤害，是对人类正义、良知与和平的挑战。

今年是中国人民抗日战争暨世界反法西斯战争胜利70周年。值此之际，编辑出版本展览图集，不仅是为了呼吁人们牢记历史，谴责日军违反人权和道义的罪行，更是为了开创和平生存和发展的未来。

图书在版编目（CIP）数据

性奴隶梦魇：南京利济巷慰安所旧址陈列图集 / 朱成山主编. —南京：南京出版社, 2015.12
ISBN 978-7-5533-1129-6

Ⅰ. ①性… Ⅱ. ①朱… Ⅲ. ①日本－侵华－史料－南京市 Ⅳ. ①K265.306

中国版本图书馆CIP数据核字（2015）第271592号

书　　名：性奴隶梦魇——南京利济巷慰安所旧址陈列图集
作　　者：朱成山
出版发行：南京出版传媒集团
南 京 出 版 社
社址：南京市太平门街53号　　邮编：210016
网址：http://www.njcbs.cn　　淘宝网店：http://njpress.taobao.com
电子信箱：njcbs1988@163.com
联系电话：025-83283871、83283864（营销）　025-83112257（编务）

出 版 人：朱同芳
责任编辑：杨传兵
装帧设计：王　俊
责任印制：杨福彬

排　　版：南京新华丰制版有限公司
印　　刷：南京凯德印刷有限公司
开　　本：889 毫米 × 1194 毫米　1/16
印　　张：10.5
字　　数：258 千字
版　　次：2015 年 12 月第 1 版
印　　次：2015 年 12 月第 1 次印刷
书　　号：ISBN 978-7-5533-1129-6
定　　价：80.00 元